団塊世代からの伝言

平和・愛生きる原点

はじめに

二一世紀は、「戦争文化」を脱して、「平和文化」に移行し、「希望の世紀」になるものと思われましたが、現状ではさまざまな事件が世界中で多発し、世界中が不安と恐怖に襲われ、失望の世に変わりつつあるかのような様相です。

日本に目を向けると、世を騒がしている「安保関連法案」が大詰めを迎える中、老若男女が一体となり連日国会前で「法案廃棄」の集会とデモが行われていましたが、〝強行採決〟により法案は成立しました。また歴史は繰り返されました。今日〝政治の季節〟が久しぶりに訪れたのを観るにつけ、感慨に耽る日々であります。そこに「七〇年安保闘争」の我らの時代を思い出すからです。

〝団塊の世代〟が社会に出て今年で四十数年。『されど我らが日々』ではありませんが。二年後には古希を迎えます。我らは社会に出る折にささやかな希望を胸に抱き、歩き始めたのではなかったでしょうか。

私を例にあげれば、大学時代は〝文学青年〟気取りで、世の中の矛盾に抗議の声を上げ、デモにも参加する『ノンセクト・ラジカル』でした。それ以上に〝文学〟に強い関心がありましたから、必然的に出版関係の仕事に携わることばかり考えていました。言葉を変えて言えば、〝出版〟の仕事だけしか目に入りませんでした。出版とは本を編み出す仕事です。

ただし、その編み出すという具体的な仕事に関しては、素人同然でした。私はただただ自分の想いだけが強く、〝出版〟という名前に魅了されていたのでした。三年の寄り道を経て、二六歳の時に燦葉出版を設立しました。当初は誠にお粗末な仕事ぶりでありました。それからも数多くの失敗を重ねて、その中から計り知れないほど学ぶことが出来、先輩諸氏からは助言を賜り、書誌などから知恵を得るとともに様々な体験をしてきました。私の人生を振り返り、今、思い浮かぶのは『初心忘るべからず』という言葉です。

七〇歳が目前に迫っています。社会に出て早や五〇年近くになります。今日までにさまざまな出来事に出逢い、様々な体験を重ね、それらを通して学びの日々を過ごしてきました。皆大変な体験をしてそれぞれの人生哲学を得て、今日においても現役として多方面で活動しています。

想い起こせば私が子供の頃、物資は不足していましたが苦にならず、青空はどこまでも果てしなく、毎日夕暮れまで近所の仲間たちと遊び回っていました。そこには〝時間〟と〝自由〟が溢れるほどあり、未来の夢に繋がっていきました。続く青春時代の〝熱き心〟、そして一生の職業へと。

翻って今日の社会を見渡しますと、何か気にかかります。少し、様子がおかしいと感じています。そこに、地球の変化、日本の行き先、子どもの将来、我らの老後、人間の有様に不安を覚えます。ここらで歩んで来た人生を基に反省を含めて〝一言〟発したいと考えます。その我らの言葉が一隅を照らす小さな光になることを願っています。

この企画は四年前から温めておりました。私の人生を顧みる中、最近は、地球、日本の有様が変わりつつあり、以前よりも〝生き難く〟、同時に〝息苦しさ〟も覚えることが多くなったように感じられます。

私は最近、人と接した時、他人との触れ合いを避けたがる態度を多く見かけます。また、他人の顔色を気にする素振りが目立ち自分の意見や自己主張が少なく、自己表現は均一化してきているようにも感じます。そのさまを観るにつけ、人間は誰もが自由に振る舞い、いつでも自分の意見をはっきり述べつつも、他人との関係を大切にするのが人間本来の在り方だと私には思えてならないのですが、皆さまはいかがでしょうか。

ここに拙文の他、六人の著者の方々に日頃の思いや、半生を振り返りつつ考えておられることを忌憚なく綴っていただきました。

二〇一五年九月吉日

後世一条光遺

白井隆之

目次

団塊世代からの伝言

平和・愛生きる原点

小説が語る後世への伝言

又吉栄喜

まえがき

短い昼寝の夢から覚めたような感覚だが、私はまもなく古稀を迎えようとしている。静かに振り返ると走馬灯のように様々な出来事や人物が仄かに浮かび上がる。

時の流れに愕然とするが、だからこそ、今こそ、何かをしっかりと後世の人に伝えたいという衝動にも焦りにも似た気持ちが強くなっている。

人は明日何が起こるか分からない日々を生きている。

自分が生きている間に東日本大震災が起こるとは夢にも思わなかった。世界中の誰もが予想だにしなかったのではないだろうか。

戦争も突然（私が生きている間に）身近に起きる可能性があるのではないだろうか。大震災（も予想可能とも言うが）と異なり、戦争はどこかに必ず予兆があると思うのだが……。

しかし、現代人は戦争の実感どころか「戦争自体」に感性が鈍麻している。

インターネットのゲーム等架空の世界には人間の血肉が感じられず、魂が触れ合わず、体や心の「痛み」と無縁になっている。

より楽に、より安全にという人工の世界に人々は馴染み、（昔のように）屋外での遊びの最中の怪我が激減し、例えば、ピストルの弾が命中しても痛みが発しないと錯覚しているのではないだろうか。

怪我を防ぐ（なくす）ために何をなすか……次のような一例もある。

ギザギザの珊瑚礁、棘のある海浜植物、海胆《うに》や貝を徹底的に取り除き、莫大な砂を投入し、人工ビーチを作る……。

現実から「危険」を排除しようとする人々の当為が知らず知らずのうちに「戦争」を近づけるようにも思える。「自分の足で歩き、自分の目で見て、自分で考える」はずの人間が危険のない世界、架空の世界に没入している時、大失業時代が到来すると人は現実的な思考力を失うのではないだろうか。独裁者の出現を許し、「他人の意志で」動く人間になり、戦争への道を許すのではないだろうか。

沖縄は第二次世界大戦の戦後処理がなかなか進まず、長い間、戦争の遺跡や遺物が至る所に残っていた（今も不発弾等だいぶ残っている）。また現在も広大な米軍基地が各地にあり、日常的に戦争の気配がひしひしと迫る。戦争の足音は（もしかすると日本のどこよりも）敏感に耳に響き、戦争の恐ろしさはより強く肌身にしみるのではないだろうか。

沖縄は日本（世界）の近未来の縮図だとも思える。「戦争を知る」「歴史を見通す」貴重な場所ともいえる。

しかし、本土の人々の多くは原発問題、失業や格差や老後の問題等諸々の身に迫る大きな課題を抱え、ゆとりがなく、いささか「沖縄問題」から遠ざからざるをえなくなっている。

戦争体験者も少なくなり、「沖縄戦」や「戦後史」が希薄になり、今にも霧散していきそうな気がする。私は体験（生い立ち）と自作の小説を通し、沖縄の人の気持ちや歴史を（できたら全国の）後世の人に伝えていけたらと考えている。

昭和二二年生まれの私の人生は沖縄の戦後史と軌を一にする。特に子供の頃の世界は毎日が驚きに満ち、何かが起き、心が躍動し、ショックを受けた。

例えば、子供の頃、毎日のように遊んだガマ（鍾乳洞などの洞窟。沖縄戦では多くの人が奥に避難した）の中はあたかも戦時中の臨場感があり、人間の業《ごう》などが見え、小説を書く上では（不遜だが）「恵まれたシチュエーションだ」と思える。

感動や衝撃というのは人種や時間を超越し、万人共通だと思われる。想像力を駆使し、自分の感性や体験等に（小説的）肉付けをし、読者のイメージの中に再現できるのではないか、と考えている。

沖縄の状況を切り取るように小説を書いてきた。（私の境遇は沖縄の他の地域の人々の境遇とほとんど似ているが）私の人生と私の小説は渾然一体となっている。「歴史は繰り返す」とも言われる。身近な戦争の痕跡、米軍基地等を「写実的」に記述すれば必ず何かを次の世代に伝えられるのではないだろうか。

（私は自分が書く）小説は過去の再現だけではなく、混沌とした現在に何らかの秩序を与え、未来の何かが見えるようにと、自分に言い聞かせている。

いわゆる原風景……戦争、米軍基地、自然、風習、文化等……がベースになっている。原風景の中にあるディテールと今現在の沖縄の状況を絡み合わせている。「未来を見通す」世界を形づくろうと悪戦苦闘している。

本稿ではいくつかの私自身の小説を通し、終戦直後から今日までの私が生きてきた軌跡を再現し、「伝えたい」と思う。

終戦直後「テント集落奇譚」

一一八七年、源為朝の子の舜天《しゅんてん》が各地に群雄割拠していた按司《あじ》（地方豪族）を統一し、浦添（市）に初の琉球王国を成立させたという。舜天は伝説の人物のようだが、実在、伝説の色が半々の二代目の国王英祖の墓は、崖を刳り貫いた浦添ユードレに存在する。

戦争が終わり、日本本土、沖縄本島北部等各地に疎開、避難していた浦添の住民は帰還したが、家も焼け、井戸も畑も壊れ、一面焼け野原になっていた。米軍はユードレの上にある浦添グスクの周辺にテント集落（幕舎）を作り、住民を収容した。

昭和二二年七月、私はこのテント小屋の一つで生まれた。野戦用のテントは風も通さず、熱がこもり、非常に暑く、赤ん坊の私は顔が真っ赤になり、汗疹が出たという。

私の生誕地は琉球王国発祥の地という聖なる場所でもあり、（敵国）米軍に支配されるという屈辱の場所でもある。

テント集落の付近には日本軍の地下陣地壕が網の目のように張り巡らされていた。沖縄戦の激戦地になり、数千人の人が亡くなった。戦後しばらく、近くの小中学校の授業に「遺骨収集」の時間があり生徒たちは麻袋を手に崖を上り下りしたという。

グスク（城）やユードレは私たち少年の遊び場だった。

陣地壕跡やガマに入り、探検ごっこをしたが、よく遺骨や軍靴、鉄兜、薬莢等が目に飛び込んできた。（壕の中に一人ずつ入り、何か品物を取ってくるという肝試しもよくやった）

崖上の浦添グスクの一角の荒涼とした所にポツンと建った「浦和の塔」という慰霊塔にも、薄暗い天井から冷たい雫がしたたり落ちる「遺骨がぎっしり積まれた壕」にも……見慣れてはいたが、見るたびに強い衝撃を受けた。(遺骨は後年、沖縄戦終焉の地、南部の摩文仁の丘に移された)

大人は私たちに「壕はいつ何時崩れるか、わからないから、生き埋めになって死にたくなければ絶対に入るな」と口を酸っぱくして言ったが、私たちは壕を遊び場にした。

母親と祖母は戦時中、沖縄本島南部の壕に隠れていた時、生き埋めになり、九死に一生を得たという。この話を聞いた時、もう少し土の量が多かったら、私はこの世に生を受けなかったんだと、衝撃を受けた。しかし、相変わらず壕遊びはやめなかった。

戦前から警察官だった父は終戦直後、連日、ヤンバル(沖縄本島北部)の山から戦災孤児を見つけ、麓の集落に連れてきた。母はこのような孤児を集落の空き家に集め、泣く子たちを慰め、子守歌を歌いながら寝かしつけた。このような中、二人は知り合い、結婚した。

生き埋めになったという話以外、両親は(周りの大人も)悲惨、残酷な戦争の記憶を胸深くしまいこみ、ほとんど子供に話さなかった。

しかし、戦争の話は先輩たちから私たちの耳に頻繁に入った。

先輩たちの話や、まだ「遊び場」に残っていた人骨、認識票、鉄兜、防空壕等から私たちは戦争を想像した。お互いに盛んに「戦争」の話を作り、語り合った。

私の小説にあの頃の戦争の話や原体験のイメージが膨らんでいる。戦争体験者に取材はせず、あの少年の頃、五感にしみこんだモノ、体験を思い起こし、「戦争」を書いている。

「テント集落奇譚」（二〇〇九年二月）は次のようなあらすじになっている。

終戦直後、避難民は米軍が設営したテント幕舎（集落）に収容される。門番老人に（主従関係のように）守られた一九歳の絶世の美女「私」もいる。双子の米兵が毎日のように現れ、鉄条網の外側から「私」に豪華な装身具を与える。米兵たちは「私」以外は完全に無視する。しだいに私は集落の人から妬まれ、集落長にも「テント集落に亀裂が入る」と強く叱責される。顔の戦傷を隠すために一日中覆面をしている幼なじみK子の「整形をしたい」という願いも私は叶えてあげず、集落の人たちの憎悪は極限に達する。ある日、誰かに後ろから水溜めに顔を突っ込まれる。テント集落の人たちは「私」の死体から装身具をはぎ取る。

終戦から何年か後にテント集落の人々はもとの集落に戻った。キャンプキンザーという米軍補給基地の近くにある私の集落には、昭和二〇年代から基地内の仕事を求め、離島や本島北部等から大挙人々がやってきた。

ゲートの外では米軍同士の喧嘩が頻発した。米軍の暴力は沖縄の人にもおよび、民家も破壊された。

父親は警官だったが、米兵相手には拳銃の携帯が禁止されていた。米兵は沖縄の警官の足元に何発もピストルの弾を撃ち込んだ。沖縄の警官が米兵の喧嘩や事件を制するのは非常に危険だったという。

米兵は危険だ、近づくなと大人たちは私たち少年に言い聞かせたが、なぜか米兵に興味を抱き、常に米兵を探し、半分恐る恐る、半分ワクワクしながら近づいた。

いつしか鬼のような米兵にも喜怒哀楽があると気づいた。

本土復帰直後「海は蒼く」

小学校では短距離の選手、中学校では高跳びの選手、中学、高校ではバレーボールの選手と、スポーツマンだった。

琉米親善スポーツ大会の時、走り高跳びの選手の私は、一八〇センチはあろうかという米少年に勝った。

私たちの中学校区の小さいスポーツ大会だったのだが、世界一の大国アメリカに勝利したような錯覚に陥り、何日も興奮した。

高校の時のバレーボール全島大会では優勝し、本土への派遣も決まりかけていた。パスポートや予防接種の話に花を咲かせていたが、実現せずに、代わりに（確か全国大会二位の）群馬県の前橋商業が来島し、私たちの首里高校を始め、琉球大学、実業団のバレー部と対戦した。

私は六人兄弟姉妹の長男だが、琉球大学入学直前、唯一の弟を亡くした。昭和三二年生まれの弟は、一、二歳の時「健康優良児」の表彰も受けたが、ほどなく脳性小児麻痺（というふうに私は覚えているが、正式な病名だったかどうか、なぜか思い出せない）に罹り、東大病院でも診てもらったが、治療は不可能だと言われた。

顔が美しく、ラジオから流れる歌をすぐに覚え、見事に歌う才能に親戚や近所の人誰もが感嘆の声をもらした。私はよく家の赤瓦の屋根に寝そべり、星を見ながら、名医になった自分が弟の病気を治し、二人仲良く遊んでいる姿を空想した。

弟は、私の大学合格の知らせを待っていたかのように、三月の末日に亡くなった。

昭和四一年、入学した琉球大学では史学を専攻した。ベトナム戦争、本土復帰、米軍基地、失業の問題等が渦巻き、連日、デモやストが繰り広げられ、学生運動はピークに達した。

史学科は全共闘の核になり、学生会長も輩出した。教授を教室から締め出し、討論集会に明け暮れた。私も革命史などを読み漁った。

大学卒業後、就職先が見つからず、沖縄の離島を逍遥したり、教員の補充のアルバイトをしながら友人と夜を徹し、政治や人生を討論した。昭和四七年浦添市役所に採用されたが、採用前の二年間昼夜が逆転したような不摂生な生活を送ったせいか、肺に一センチ五ミリの穴が開いてしまった。一ヵ月間那覇保健所に通院した後、北部の金武結核療養所に入院した。

十数日は体に力が入らなかったが、薬と規則正しい食事と栄養が効いたのか、体の中から活力がみなぎった。夜九時の消灯だったが、密かに一一時過ぎても読書に没頭した。昼間は初老の患者からいろいろな昔話を聞いたり、海岸を散策したりした。

次第に時間を持て余すようになり、日々の見聞や感想を大学ノートに記述しはじめた。いつしか習慣になり、架空の出来事も加味するようになった。

約一年後に結核療養所を退院し、浦添市役所の仕事に戻った。相変わらず両手いっぱいの薬を服み、無理な運動を控えていたが、ある日、少年の頃毎日のように遊んだ、「カーミジ」という亀の形をした大岩のある海に向かった。

カーミジに行く途中の海岸沿いの道は曲がりくねっていた。凹には砂がたまり、小魚、貝、ごかい等魚の餌が住みつき、大型の魚が寄ってきた。

また一面に広がる珊瑚礁には珍しい色とりどりの無数の生物が生息し、七色の水は澄み、「生老病死という人間の業」が吹っ飛ぶような魅力が、人間に必要不可欠の何かが、人生の遊楽が存在していた。

カーミジの海を前に病み上がりの私は愕然とした。少年の頃、釣りをし、蟹や貝を獲った海は珊瑚も海藻もほとんど消えていた。砂利道を水がおおっていると錯覚してしまうほど生き物の気配が希薄になり、少年の頃、嫌いだった海胆や海鼠《なまこ》もいなくなってしまうとひどく哀れになり、胸が締めつけられた。

カーミジだけではなく、沖縄の各地の海岸も埋め立てられていた。潮の干満により陸になったり海になったりする珊瑚礁。水に潜らなくても海の中の神秘が眼前に現出する干潮の珊瑚礁。干潮時にはどこまでも歩き回れる珊瑚礁。このような珊瑚礁や、珊瑚礁と海浜植物の間に広がっていた白く細かい砂浜が消え、いろいろな種類の生物が死滅してしまった。娯楽の場、生活の場、発見の場、大きな驚きの場を永遠に失ってしまった。海の「気」を吸い、水平線のかなたから来るという「幸」を待望し、家族とも仲間とも共に過ごした至福の時間を失ってしまった。

一体全体、沖縄に何が起きたのだろうか。

昭和四七年に沖縄は本土に復帰した。

復帰記念の大規模な三大事業（植樹祭、沖縄特別国民体育大会、沖縄国際海洋博覧会）が（沖縄の経済振興、社会資本の整備には寄与したが）かつての風景を一変させた。水深が浅い珊瑚礁は、近くの山を削った土を運べば埋め立てが容易だし、技術もさほどいらないのだろうか。海は人間の利便性や「欲」のために急激に無くなったのだろうか。よく魚が釣れるポイントにある闇夜、一年ぶりに釣りに行った。まったく魚が引く気配がなく、夜が明けた。餌や釣り針は広場に横たわっていた。浅瀬の海が広場に変わっていたのだ。今はこの架空のエピソードがとうてい笑えなくなっている。人々は本来なら失いたくない大切なものを失わざるをえない状況（現実）に追い込まれている……。この問題には社会的な、時代的なあるいは世界的なバックグラウンドの大きな変化がある。

昔なら漁村の人たちは魚を捕れば生活もでき、子供を育てられた。しかし、流通機構が大きく変化した今は、世界中から安い魚が集まり、地元の漁師は魚をこれまでの値では売れなくなり、生活できなくなる。ついに背に腹はかえられず、行政や大企業の提案をのみ、海の埋め立てを承認し、補償金や転職等に、収入の糧を見いださざるを得なくなる。

また、昔は各集落にお年寄りを大事にする風習があったが（職がないから子供が帰ってこない等）核家族化が急激に進み、共同体も衰退し、一人暮らしのお年寄りが急増した。

あるところでは、行政が集落内の区画整理事業を推し進め、一人暮らしのお年寄りたちを海の埋立地に新築した、市町村営の近代的なアパートに移転させたという。お年寄りは昔のように子や孫や若い人に自分たちの人生や集落の伝説、伝統を伝える機会が少なくなり、自分は人や社会の役に立っているという実感（生きがいや自信）を失ってしまったという。

さらに人口密度が世界でもトップレベルの沖縄は、戦前や復帰前は南米やハワイに盛んに移民したが、復帰後は逆に本土や外国から人口が流入し、移民の人たちも経済復興を遂げた故郷に戻るようになり、また多くの観光客が来島し、大規模なインフラが進み、ますます自然（海）が消滅した。

もっとも砂漠を横断する人はオアシスの素晴らしさがわかるように、来島した多くの観光客は沖縄の海に驚嘆する。

地元の人は毎日見慣れているせいか、「美しさ」がごく当たり前になり、（世界中の海という海がこのように美しいと錯覚し、埋め立てにも鈍感になる場合があるが）復帰当初から「美しい海を残そう」という（埋め立て反対派）の人が本土からやってきた。

世界各国から海洋学者、生物学者等が来島し、国や県の環境保全行政に多大な影響を与えてもいる。国際的に取り上げられてもおかしくないくらい沖縄の海は魅力にあふれている。

この頃（結核療養所を退所し、カーミジに上った頃）、「新沖縄文学賞」の第一回募集の新聞記事を思い出した。人間の大きな何かを置き去りにしたまま一人歩きする「経済」や「欲」や「不条理」等を凝視し、偉大な海が人間の卑小な生活や考えを一変させるというモチーフの小説「海は蒼く」（一三〇枚）を応募した。

当選作はなく、佳作（の一つ）になったが、初めて新聞に顔写真が載り、下手な手書きの文字が綺麗な活字になり、感動した。感動に浸るために恩納村のビーチに車を走らせ、浮袋を借り、長時間海面を漂った。

今までの人生になかった達成感を覚え、毎日夜中の二時まで書いても少しも苦にならなかった。市役所の仕事にも張りが出た。何をやっても、何を見ても、物語の形をなさないか、と考えるようになった。しかし、物語を創るために取材地に行ったり、写真を撮ったり、資料を探ったりはしなかった。ただ、必死に少年の頃のカーミジでの体験、五感にしみこんだ感覚に自由奔放に想像を加味し、書き上げた。

「海は蒼く」（一九七五年）は次のような粗筋になっている。

自分を見失った女子大生が、海と一体化した老漁師と一緒にサバニ（小舟）に乗り、海に出る。人格化した海や空や魚に同化し、女子大生は自分を取り戻す。

米軍統治下「カーニバル闘牛大会」

一九五一年九月八日対日講和条約（サンフランシスコ平和条約）第三条により、沖縄はアメリカの施政権下に置かれた。急速に大規模な米軍基地建設が始まり、本土の大手建設業者が大挙来島し、沖縄中が巻き込まれるかのように建設ブームに沸き立った。

私の家の近くにもキャンプキンザーという東洋一といわれる米軍補給基地が巨大な姿を現した。小は鉛筆から大はミサイルまでありとあらゆるものが保管されているという噂が集落内に広がった。金網のフェンスの向こう側の広場には何百という軍用のジープやトラック、巨大な木箱などがぎっしりと規則正しく並んでいた。キャンプキンザーのゲートに続く大通りには米兵相手のＡサイン（米軍営業許可）バーや質屋、レストラン、散髪屋などが密集し、この一帯はアメリカ映画の急造の大規模なセットのようにも思えた。（しかし、この大通りを裏に少し入ると前近代的な家畜小屋や畑、ウタキと呼ばれる拝所等が在った）

本土でも食べ物が少なかったといわれる昭和二〇年代、私たちの集落にはキャンプキンザーからポークやコンビーフ等いろいろな種類の缶詰、フライドチキン、果物、キャンディー、胡桃、カティーサークやホワイトホースといった高級ウィスキー、石鹸等が流れ込んできた。もしかするとあの当時本土の都会より豊かな食生活をしていたようにも思える。このような食生活の影響か、私もこの年代では珍しく身長が一八〇センチまで伸びた。

私たちの学校にキャンプキンザーから体育用具やブラスバンドの楽器、オルガン等の寄贈があり、将校の妻が英語の授業をサポートし、発音を教えた。

また若い陽気な米兵たちは炎天下、上半身裸になり、ブルドーザーやクレーン車を駆使し、学校の運動場の整地作業をした。

学校の帰り、私たち少年はよくカーミジ（亀岩）の海に行った。

カーミジ近くの崖の上の米人ハウジングエリアに住んでいたアメリカ少年たちと私たちはよく一緒に泳ぎ回った。一度水着姿のまぶしいアメリカ人の若い女が、釣りをしている私たちの傍にニコニコしながら（私の感じでは）長い間立ち尽くし、私は変にときめき、釣りどころではなくなった。

一二月には小学校の各クラスの委員長（私も委員長だった）はキャンプキンザーのクリスマスパーティーに招待された。夜、暗い校庭に軍用バスが迎えに来た。会場はとても広く、天井にのびた巨大なクリスマスツリーに色とりどりの無数の電球がともり、壁や天井もきらびやかな飾り物がおおっていた。童話の「お菓子の国」に出てくるような、ありとあらゆる物が食べほうだい、飲みほうだいだった。不思議な別天地だった。私たちは我を忘れた。豪華なおみやげをもらい、家路についたが、ずっと興奮はおさまらなかった。

毎年七月四日の米国独立記念日の前後にはキャンプキンザー等沖縄各地の米軍基地ではカーニバルが催された。この日だけは誰でも自由自在に、日頃はフェンスごしに見るしかなかった広大な米軍基地の中を歩き回れた。老若男女が押し寄せ、終日、まさにカーニバル的な賑わいを見せた。

無料のアイスキャンディーやアメリカ産の飴、クッキー、胡桃等に私たち少年は長い列をなした。また、野戦用のジープやトラックに乗り、（弾は装填されていなかったが）大砲や機関銃に群れた。

当時、沖縄本島各地や離島、奄美大島から多くの人がキャンプキンザーに職を求め、やってきた。アパートがなく、彼ら彼女ら軍雇用（軍作業）員は下宿や間借り先を探した。

私の家は八畳間を軍雇用員ではなく、ハーニーと呼ばれていた米兵の愛人に貸した。月に二、三回、軍の中のＰＸ（売店）から買ってきた品々を抱えた若い米兵がハーニーの所（私の家）にやって来た。橙色の鮮やかなカリフォルニアオレンジ、胡桃、フライドチキン、チェリーやアップルのパイ等をハーニーは私にも食べさせた。また私を映画（私が見たかった笛吹童子等ではなく、刺激の強いアメリカの恋愛映画だったが）に連れて行った。

映画のみならず、ちまたでも米兵と沖縄の女性のラブシーンがよく私たち少年の目に飛び込んできた。

キャンプキンザー内にはどのような品物も豊富にあったはずだが、退屈なのか、窮屈なのか、米兵は毎日ゲートから出てきた。私たちと遊んだり、豚に悪戯《いたずら》したり、集落の女性と恋をしたりした。

ある米兵はキャンプキンザーに戻る時には泣きそうな顔になり、別の米兵は逆に「なぜ自分は戦争（朝鮮戦争は終わり、ベトナム戦争はまだ始まっていなかったような気がするが……）に行かなければならないのか」と荒れに荒れた。

このような米兵たちを間近に見ているうちに子供心にも「米軍基地の中は非常に規律が厳しく、非人間的な訓練を受け、あえいでいる」というように思った。米兵たちを通し、漠然とだが、米軍基地の中の不気味さ、恐ろしさを感じた。

「カーニバル闘牛大会」は次のような粗筋になっている。

カーニバルの時、米軍基地の中に仮設闘牛場が設けられた。沖縄の男の闘牛が小柄なプエルトリコ系の「チビ米兵」の車を傷つけた。闘牛の飼い主がいくら謝っても許してもらえず、主人公の少年は、誰一人として助太刀しようとしない沖縄の大衆に「なぜ助けないんだ」と内心叫ぶ。結局、日頃少年たちにニコニコ笑いながらプレゼントを配ったり、少年たちを肩車したりする大柄な白人兵が現れ、顔を赤鬼のように真っ赤にし、プエルトリコ系の米兵を叱りつけ、問題を解決する。とても優しかったこの白人兵のガラリと変わった一面を見た少年は「今までの彼は偽物だったんだ」と驚愕する。

この小説を書くにあたり、私はまずキャンプキンザーと長い伝統のある沖縄の闘牛を組み合わせた。

次に、闘牛大会が始まる前に「チビ米兵」の車を沖縄の人が飼っている闘牛に傷つけさせた。つまり闘牛が闘うのではなく、人が闘う話にした。

「チビ米兵」（この言葉は沖縄の人の一種の差別意識が顔を覗かせている）はアメリカの田舎出身、また少数民族の出身と定め、米軍基地内では仲間に差別や苛めを受けているという設定にした。

「チビ米兵」に怒鳴られている闘牛の飼い主を周りの大勢の沖縄の人たちは助けようとせず、一様に傍観している。

（極言すれば、米軍基地問題等、諸々の問題もいつかは自然と解決するだろうというかのように）「しばらくじっとしていたら何事もおさまる」という沖縄の人の、大人のある種の気質が表現されている。しかし、主人公の少年はこのような大人たちに失望や怒りを感じている。

この小説の傍若無人の趣のある闘牛は沖縄の人の力の象徴になっている。ある種の主人公ともいえる。緊迫した状況の中、一人（頭）だけ泰然自若としている、米兵の車を傷つけ、飼い主を危機に追い込んだ張本人なのに堂々としている。少年は周りの沖縄の人ではなく、この闘牛に「沖縄の人の理想」を見ているのではないだろうか。

出現した大柄な赤ら顔の、多数派や支配層を代表する、白人の米兵が「闘牛場に車を置いたおまえが悪いんだ」とプエルトリコ系の「チビ米兵」を徹底的に叱り飛ばす。

私は、この短編に米兵（軍）の中の差別、被差別、被害、加害の構造のテーマと、米兵というのは沖縄人を抑圧する一律の存在ではなく、多様な人間性があるというテーマも付与した。

米兵（軍）の裏の面も主人公の少年に発見させた。

仲介に入り、闘牛の飼い主を救った白人兵は日頃、「アメリカ人はこんなにも優しいんだ」という振る舞いをしていた。

実際、背が高く、色も白く、身形もきちんとし、立ち居ふるまいが上品な、高貴な感じがする実在のある将校をこの白人兵のモデルにした。

この白人兵は同じ人物かと信じられないくらい怒鳴りちらしている。少年は「いつもニコニコしていたのは偽善だ。これが本性だ」「戦争を起こし、無数の兵隊を指揮している張本人だ」という認識を得る。

ベトナム戦争下「ジョージが射殺した猪」

差別されている人間は自分よりも弱い人間を差別してしまう。（ある医者の話では）精神に障がいのある人も自分より大きいレスラーのような人には怯え、逃げるが、か弱い女性や子供には危害を加えるという。

今の社会でも老人や赤ん坊等、弱い立場の人を殺害する事件が繰り返し起きている。

沖縄の人は昔、「共同体社会」を形成し、助け合ってきたが、やはり差別、抑圧構造が人間性の中に潜んでいたと考えられる。

琉球王国時代、薩摩に抑圧された首里王府は田舎の人を抑圧し、田舎の人は離島の人を抑圧する。このような構造が成立していたという。

米兵の異常さ、狂暴さは幼少の頃、警察官だった父から聞いたが、私が大学に入学した頃（一九六六年）にはベトナム戦争の狂気が沖縄にいる米兵を襲った。米兵は（主に沖縄の人に対し）不条理な事件や凶悪な事件を頻繁に起こした。

ベトナム戦争が本格的に始まる前、私が少年の頃も毎日、私の周りを米兵が走り回っていた。沖縄の女性と恋をしている時は目も輝き、物腰も柔らかかった米兵が戦場（ベトナムだったのか、朝鮮だったのか、よく覚えていないが）行きが近づくと目の色に狂気を宿した。目を見るだけでも恐かった。米兵たちはわけのわからない挙動をくりかえした。なぜ突然怒るのか、叫ぶのか、泣き出すのか、わからなかった。一言も声を発しない米兵も不気味だった。

米兵同士、白人兵のグループと黒人兵のグループが喧嘩に明け暮れた。民家の壁からはぎとった板や棒を振り回し、殴りかかった。米兵同士の喧嘩はすさまじく、パンチの音が離れた所に潜んでいた私たち少年の耳にも入った。

米兵たちは民家の中も逃げ、追いかけ、走りまわり、庭や畑の野菜も踏み潰した。

同級生は次のような体験をした。昼間ソーミンチャンプルー（素麺炒め）を食べていると黒人兵が入って来た。家族全員外に逃げた。恐る恐る帰ったら、黒人兵はソーミンチャンプルーを平らげ、消えていた。別の同級生はある日、学校から帰ったら家の前に腰にピストルを携帯した、数人の酔った米兵がたむろしていた。家に入らず、時間をつぶし、帰ったが、どうしたわけか、まだいた。同級生は再び時間をつぶしに遠くに行った。

私も真っ昼間から酔い潰れ、真夏の直射日光の下、道の真ん中に寝ている米兵をよく見かけた。

電柱にしがみつき、基地には帰りたくないと泣き叫ぶ米兵や、民家の豚小屋を壊し、足が糞まみれになりながら豚を外に逃がし、「フリー、フリー」と何か自分に言い聞かせるようにこぶしを突き上げる黒人兵もいた。

自分の体験や周辺を書くのが小説だとすれば、良くも悪くも米軍、米兵は私の人生とからんでいる。必然的にテーマになっている。

米兵個人をよく観察するとどこか善人のようにも見える。中には刑務所から出てきたばかりのような人相の悪い米兵もいるが、多くはまだ世間もよくわからないような純真な青年に見える。このようなまっとうな青年を狂気に追い込むものが不気味な米軍基地の中に存在する。

もともと犯罪者でもない人間を軍事機構（軍事教練）が「改造」し、戦争と狂気に追い込むのではないだろうか。

見るからに野蛮そうな米兵さえも戦争を左右する力はなく、怪奇な強大な権力組織に操作されている。

米軍基地はフェンスの外から見たらだだっ広く、建造物は整然と建ち並び、静寂に包まれているが、（物凄い喧噪に包まれる日もあるが）軍事訓練は非常に過酷だという噂が私たち少年の耳にも入っていた。

一般兵士はクーラーも効かない、豚小屋のような兵舎に押し込められているという。このような劣悪な宿舎の中でも米兵同士の差別や苛めもある。根が善良な米兵ほどフェンスの外に「逃避」したいと思わないだろうか。

夕方の四時、五時になると基地のゲートが開き、沖縄の軍雇用員より真っ先に任務を終えた米兵が外に出てくる。ほとんどの米兵が解放されたような（一日の仕事が終わるとだれしもほっとするのだが、このような安堵とは根本的に違うような）表情をしている。私たち少年も基地は兵士にとっても大変な場所なんだと妙な感慨を抱いた。

米軍の中でも他国に戦争をしかけ、あるいは部隊を戦場に派兵している将校クラスの軍人は身の安全が保障されているかも知れないが、下級兵士は上には（徹底的に軍事教育を受け、懲罰も恐ろしく）逆らえず、近いうちに戦死する恐怖もあり、自分の内部の今にも爆発しそうな爆弾を抱えたまま、（爆弾を投げつける対象の）より弱い人を探してしまう。

アメリカの本国に帰る米兵は顔も穏やかになるが、沖縄にいる兵士には戦場への出撃の恐怖がじわじわ迫り、ついには突然、狂気にとらわれる。

このような人間観、認識のもとに、沖縄の施政権がアメリカから日本に返還された一九七二年（本土復帰）から数年後に「ジョージが射殺した猪」（一九七七年）を書いた。

粗筋は次のようになっている。気が弱く、繊細すぎる小柄な米兵ジョージは同じ部隊の兵士にも黒人兵にも沖縄の女にも侮辱され、暴力をふるわれ、戦争や軍人の何たるかもわからなくなり、しだいに精神の均衡を崩す。ジョージは基地のフェンス沿いをさまよい歩くようになるが、ある日、「米軍や米兵を毛嫌いしながら」演習の薬莢を拾って生きていかざるをえない沖縄の老人の目が「ヤナ（嫌な、憎い）アメリカー」と睨んでいると思い込み、「こいつは猪だ」と自分に言い聞かせ、射殺する。

米兵を主人公にし、「沖縄」を見つめさせた、この小説はかつてないほど新しい視点だという評価を受けたが、このような方法は人間をいろいろな側面から見る、人間の中に相反するものを見るのに役立つと思われる。

「ジョージが射殺した猪」はアメリカから沖縄を見させた。

被害者と言われていた（米軍統治下の）沖縄の人にも加害者（この小説ではホステス等）はいる。加害者といわれていた米兵にも被害者はいる。つまり被害者、加害者が錯綜している。

（「このような新しい認識の顕現化は沖縄文学のコペルニクス的転換だ」と詩人の高良勉氏や大学教授の山里勝己氏が言っている）

集落を彷徨っていた実在の狂気の米兵のように主人公のジョージも狂気に陥った。語り合える友人は一人もいないし、アメリカ本国の恋人の手紙はいくら待っても届かず、自然とジョージは内的告白をする。

ジョージは世界は白黒つけられない、割り切れないと（無言だが）言っている。巨大な軍事機構は悪だが、戦時下をうごめいている一人の兵士には「弱さ」も「善」もあるという認識をジョージは示している。（示していると作者が他人事のように言っているが、この場合、作者もジョージという人物を語るというより、ジョージの「言い分」を聞いている）

ジョージの中には被害者（軍隊の仲間や沖縄のホステス、黒人等にやられる）の側面と加害者の側面が併存している。

弱い者がより弱い者を差別し、自分のギリギリの「生」を確保するという人間の本性は軍隊のみならずいろいろな社会、組織に当てはまるのではないだろうか。

ジョージは沖縄の老人（沖縄戦で米軍に肉親を殺され、反米思想を持っているが、薬莢拾いを最後の生活手段にしている）を差別どころか射殺し、カタルシスを得る。

ジョージが発砲した最大の理由は、自分より下の人間だと思っていた沖縄の老人の目だろうか。老人の目はジョージを「差別」していた。上からのみならず下からも差別されたらどうしようもなくなる。もうどこにも逃げられなくなる。

では、ジョージはなぜ上官を殺さなかったのだろうか？ なぜ自殺せずに老人を殺したのだろうか？ 軍隊の教練が、敵を殺すべきだという教練が戦争不適合者の骨の髄までしみ込んでいたからではないだろうか。

ジョージという一人の小さな人間の背後から戦争否定のメッセージが読者に伝われば、

と作者は念願している。

終戦十数年後「ギンネム屋敷」

私たち少年は野山を駆け回り、ガマの探検、木の上の秘密基地作り、昆虫捕り、（ソーメン箱の罠をしかけた）マングース捕りに夢中になった。

存分に遊んだ後、家に帰る道すがら、決まったように中学生から幽霊話を聞かされた。「頭のない兵隊がしゃべりながら歩いていた」とか「足のない兵隊なのに、軍靴の大きい音がした」等の話に私たちは耳をそばだて、身震いした。

ユードレ（崖をくりぬいた琉球王国早期の国王の墓）の崖下から数百メートル離れたギンネム林の中にある一軒の不思議な洋風の家（実際は単なる倉庫だったかも知れないが）には、幽霊が出るという噂が流れていた。私たち少年も（なぜかいつも私たち小学生の輪に入ってきた）中学生も噂を信じ、特に夕暮れ時は一軒家に近づかなかった。

当時、私たちの集落にはアメリカ人、フィリピン人、台湾人、朝鮮人などいろいろな外国人が住んでいた。彼らの多少風変わりな習慣や風貌が私たちの想像をどこまでも膨らませ、いつの間にか私たちの間では彼らは怪奇的な存在になっていた。

（歴史を専攻した大学生の頃には、先進の朝鮮は琉球王国に多大な影響を与え、繁栄に寄与したという史実をはっきり把握した。また「朝鮮人も私たちと同じ人間性を持っている。ただ歴史や風習の違いが、沖縄人と異なる行動や雰囲気を出しているにすぎず、喜怒哀楽、生老病死の苦しみ等は全く同じだ」と認識できるようになったのだが……)

特に従軍慰安婦だったという噂の朝鮮人に深く関心を抱いた。この女が私にはなぜか、ちょうど野原の丘に屹立した巨大な人形のように思われた。

この女は何かと沖縄の男にからかわれ、苛められていた。

戦災をこうむり、日々をなんとか生き延びている弱い立場の沖縄人が(日本軍が強制的に沖縄に連れて来たという軍夫、慰安婦等の)朝鮮人を差別し、危害を加え、恐喝し、自殺に追い込んでしまう。いつしか、このような筋が思い浮かんだ。

私たち少年の間には、戦争の痕跡をカムフラージュするために米軍が軍用機から大量のギンネムの種をまいたという噂が流れていた。ギンネムは(私の中では)しだいに戦争の象徴に変わった。また「自分(沖縄の人)たちは被害者だから少しくらい他人(朝鮮人)を傷つけても問題はない」という心情、論理はつまりは、「自分の悪」を「被害者」という蓑がカムフラージュしているのではないか、と自問自答した。

「ジョージが射殺した猪」ではアメリカ人が沖縄の人をどう見ているかを洞察し、表現したが、今度は朝鮮人は沖縄の人をどう見ているのか、熟考した。

試行錯誤した末、「ギンネム屋敷」（一九八〇年）の筋が出来上がった。沖縄のある村の男たちが「村の娘が朝鮮人に犯された」と騒ぎだし、長老を先頭に脅迫しに行き、賠償金を取ってくる。しだいに、「日本軍」「戦争」「強制連行」に運命を狂わされた朝鮮人の男や女の様相、正体が浮かび上がってくる。結局、村の娘が犯されたというのは村人の集団妄想のようなものだったが、生きる意味を失っていた朝鮮人は、何の言葉も発せずに自殺する。

この小説は朝鮮人の内面に筆を割いた。「構成を犠牲にし、迫力を強化している」という批評もあったが、（真の主人公ともいえる）朝鮮人の独白が何ページにもまたがり、ギンネムの藪のように加害と被害が錯綜している。

（すばる文学賞を受賞したが）受賞の言葉に「ギンネムは何の役にも立たないが、ものすごい生命力がある。終戦直後、米軍が破壊の痕をカムフラージュするために沖縄全土に空からまいた」というふうに書いたら、農林水産省（当時）からギンネムの有効性を強調する分厚い資料が送られてきた。「テーマを強固にする方便です」というような返事を出した覚えがある。

本土復帰十数年「豚の報い」

「豚の報い」(一九九五年)の粗筋は次のようになっている。

スナックに闖入した豚がホステスのマブイ(魂)を落とす。男子大学生の主人公はホステス(他に二人のホステスも)と一緒に「神の島」にマブイ込めに渡る。非日常的な島の不思議な空気や、下痢をし、「常識的思考」を失う中、心の深いところにあったものをすべて出し合う。精神の浄化をとげる。結局、ウタキに着く前に、ホステスのマブイは戻ってきた。

「豚の報い」の映画制作発表の時、会場の外に並べられた豚三頭の丸焼きの前には女性の長蛇の列(三列)ができた。ようやく男性たちが食べようとしたら、どの豚もほとんど骨になっていた。このような女性のエネルギー(女性が食いしん坊というわけではない)を「象徴的」に表現したのが「豚の報い」とも言える。ちなみに私は「小説が評価されたのは豚のおかげ。豚に感謝している」とあいさつしたてまえ、豚肉を一口も口にしなかった。

沖縄の女性は、数百年来の文化や年中行事や祭りを体現し、生命力に満ちあふれている。

主に女性が踊る舞踊には「静」と「動」がある。(深く思考させるような)非常に動きがゆったりした古典的な宮廷舞踊があり、(直接魂に届けるような)軽快な動きの庶民的な雑踊りがある。

海洋民族の沖縄の人は他国から諸々の文化や物語を持ち帰り、沖縄の風土や習慣や開放的かつ内に秘めたエネルギー等と融合し、研ぎ澄まし、独自の文化や物語を完成させたと思われる。

本土復帰前の「反ベトナム戦争」「反米軍基地」闘争等の激動の最中でも沖縄の人たちは闘牛や沖縄芝居や芸能等に夢中になった。闘争の手をぬかずに、しかし、精神的なゆとりを失わなかった。

独自の文化は日常生活にもとけこんでいる。子供たちは学習塾は嫌がるが、琉球舞踊の教室や空手道場には自主的に通う。老人は夕食後、泡盛等を飲みながら三線を弾き、孫や、亡くなったグソー（あの世）の人に琉球民謡を聞かせる。

沖縄の神や仏も沖縄の人たちに負けず劣らず豚肉が大好きのように思える。沖縄の人々（や神仏）は豚の体の全部を食べ、食べた人々の消化したかすを豚は食べ（フールと呼ばれる人間のトイレと豚舎がひとつになっていた昔の話だが……中国の漢の時代にも存在したという）血色もよく丸々と太り、また神や仏に供され、人々に食べられる。このような輪廻を繰り返しながら沖縄の人々と神仏と豚は何百年も生き続けてきた。

昔は身近にいた豚も今は山の中の大規模な豚舎に隔離されている。豚肉は琉球料理の王様ともてはやされ、毎日（観光客にも）盛んに食べられているが、生きている豚を見る機会は激減している。

豚と遊び、豚に悪戯した原風景への愛着が「豚の報い」の一つの種になったと思う。「豚の報い」の話は豚肉（健康食）ブームとは関係なく成立した。むしろ（小説の構成上、腐りかけの）豚肉は下痢を起こす「張本人」と設定してある。

本土では「豚」はどこか曖昧に映ったらしく、本土の友人は「豚というのは主人公のニックネームか」などと聞いてきた。

沖縄では豚は何かとイメージが強く、一つのキャラクターになっている。悪魔の使いの豚にまたの間をくぐり抜けられた人は豚小屋に駆け込み、豚を鳴かす。すると悪霊はたちまち逃げる。このように豚は（守護）神の使いもする。食べたり食べられたりする関係ではあるが、沖縄の人々と神仏と豚はとても親近感がある。

他方、沖縄にはユタという民間の一種のシャーマン（託宣、卜占、病気治療を行う呪術者）が存在し、神秘的な世界を醸し出している。肉親に不幸が続いたり、病気が長引いたりするとユタを「買う」。ユタはカウンセラーになり、アドバイスを与え、一緒に岬や古い城跡やウタキ等の聖地を巡回し、神々に祈願する。ほどなく大方が解決する（という）。医療機関では治らなかった精神的な病を、ユタが治したという話も結構ある。

しかし、「ユタを買う」という言葉があるように、ふつう一回につき（友人の話では）二、三万円払うという。何回にもまたがる場合も珍しくなく、当のユタがてこずる場合は、上級のユタが紹介される。力のあるユタは五万円とか高額になるという。「ユタは民心を惑わす元凶だ」と琉球王国時代も戦前も戦時中も支配者や軍部の圧力を受け、「ユタ撲滅運動」が熾烈を極めた。

しかし、どのような迫害もユタを「根こそぎ」にはできず、どの時代でもニョキニョキと復活した。

「豚の報い」ではウタキとかノロ（祝女。王府や按司の最高神女。官のシャーマンともいわれる）を描くのではなく、沖縄の祭祀や民族を形づくっている精神や感性、沖縄の普通の女性の中にある救済力、生命力を念頭に置いた。自分を癒やす本当の力は自分の中にある、という人間観を見詰めた。

見詰めるうち、私は（沖縄の人と「隣人」関係にあり、とても親近感がある）豚に誘《いざな》われ、豚により魂が浄化される人たちを描いた。つまり、豚に象徴される、沖縄の基底にある何百年もの力が人々に自分自身を救う主体性を確立させたという寓意を物語にした。

作品の（先に大学生が主人公と言ったが）進行役は男子大学生、主人公は（豚に襲われ、マブイを落としたホステスの）和歌子だろうか。

父親が水死した男子大学生や、様々な過去を持つホステスたちが豚に導かれるようにウガンの旅に出る。途中、赤裸々な人間の本質を出し、何もかも互いに告白し、身も心も解放される。つまり人を救う存在は「神」ではなく「人間」といえようか。

沖縄の泥沼のような政治問題の解決を求め、沖縄の人たちは本土政府に向かうが、途中、自分を顧みざるをえないような出来事が起こり、海洋民族に潜む底力や、沖縄の人のエネルギーを発見し、すぐユーターンする、というふうに「豚の報い」を「政治」に置き換える人も何人かいた。

政治的な読み方はともかく、一般的な概念（ウタキイコール救い等）ではなく、救いの本当の神は豚という（あまりないような）イメージも出てくる。「豚イコール救い」という、このような発見が作品を新しくしているという評者もいた。ガツガツし不衛生（のような）豚にはダークなイメージがある。常識ではダークなものに「美」とか「力」を発見するのが芸術、文学ともいえるのではないだろうか。

おわりに

少年時代、本土（出身）の人とはめったに出会わなかった。生まれた時から本土復帰までの四半世紀、私の中から「本土」はすっぽり抜け落ちている。

戦前は多くの本土の人が沖縄に住み着いた。県知事、上級官僚、軍の上層部、学校長、会社の社長等のほとんどを本土出身者が占めていたという。沖縄の人が出世するためには本土の一流大学を卒業し、戻ってこなければならなかったという。

終戦後、ほとんどの本土の人が沖縄から去った。残ったわずかな人も、体もアクションも大きく、強烈な印象の米兵等の陰に隠れ、存在感が薄れた。

朝鮮戦争が勃発し、共産主義の現実的な脅威がアメリカに迫った。アメリカは沖縄を「不沈空母」とするべく、大規模な米軍基地建設を急いだ。本土のいくつもの大手の業者が来島し、請け負った。

本土の会社の孫請けをしたという地元の建設会社も大きく息を吹き返した。

しかし、（米軍基地建設以外に）本土の人が経営する企業はほとんどなく、沖縄の人は外資系の会社に就労した。

本土復帰直後、私が勤めていた福祉事務所に広島県から中年の女性が植木の販売に来た。ユニークな心地よい広島弁を聞き、沖縄にはない木蓮やボケなどの花を見た時、沖縄が「日本」になったんだと実感した。

本土復帰後の変貌は早かった。いたるところに点在していた雑貨店が全国チェーンの大型店舗等の影響を受け、消えた。沖縄のいろいろなものが全国と画一化した。

沖縄も（本土と同じように？　政府の方針により）急激に市町村合併が進んでいる。以前は、A村、B村、C村に行くというと遠く感じたが、合併後、（広大な）D市に行くと言うと、すぐ近くのように思える。

A村B村C村等いろいろなところに行くという感覚が消え、（合併後の行政区分は広くなったのだが）狭っ苦しくなってしまった。

私のイメージも害われたように思う。例えば、昔の三和村とか羽地村という響きが私の中に固有の風景、歴史、民俗、人の気質等を思い浮かばせた。

獅子舞、エイサー、組踊り等も村ごとに伝統や様式の微妙な違いがあり、地域の特色が色濃く反映されていた。

だが、村々が合併され、一つの大きな市になると、このような諸々のものが拡散し、像が結べなくなっている。

地名にも土地の特徴を表現する深みがあるのだが、近年、新しい地名に変更するケースが急増している。

地名は昔、地と血がおりなし、必然的に生まれたとも考えられるが、新しい名前は（たとえ、古典的な言葉を当てはめようが）表層的に思える。

特に本土復帰後、本土の人が読みにくいからと本土風に変えるのはどうだろうか。沖縄では城は「ぐすく」と読むが、今は「しろ」と読むのが一般的になっている。「城」という字を「ぐすく」「じょう」「しろ」「ぎ」と、読む地名は今も存在している。沖縄本島南部に十数年前までだっただろうか、（今は合併され、南城市になった）具志頭（ぐしかみ）村という地名があったが、もともとは土地から派生する謂われや意味がちゃんとあり「ぐしちゃんそん」だったという。「頭」を本土風に「かみ」と読ませようとする動きが勝ったのだが、村人の中には（南城市になった今でも）「ぐしちゃんそん」と呼ぶ人がかなりいるという。

昔、時間がゆったりと流れ、時間を気にかけずに生活していた。

しかし、さすがに授業に遅刻するのは看過できなかったのか、小中学生の時、教室に「時間を守りましょう」という「今週の目標」が掲げられていた。

沖縄本島は南北百数十キロしかない小さな島だから、急ぐとすぐ海に出てしまう。時速二〇〇キロの乗り物に乗ったら風景を一時間も楽しめないだろう。ゆったりした時間の流れは小さい島に適している。歩いたり自転車に乗ったりしたら小さい島でもたっぷり（風習や文化等を含んだ）風景が楽しめる。沖縄の人は潜在的に時間より空間を楽しもうとしたのではないだろうか。目的地という結果ではなく道中という過程を楽しんでいるように思える。このように時間をたっぷり使い、小さい島という窮屈な概念を払拭し、小さい空間を広く、長く見せている。

本土の人でも二、三〇年沖縄に住んだら、(モノレール以外の電車はないし、バスの運行も少なく、不便ではあるが)車の使用は馬鹿らしくなるとよく言われる。しかし、近年、結婚式の案内状に七時開始とあるのに、実際には八時に始まるというような「沖縄タイム」の慣習は消えている。

本土企業が急増し、時間に対する概念が(本土風に)厳しくなり、沖縄の人も時間を厳守するようになった。

しかし、あまりのスピード化の反動が近年日本全国に出始めている。

本土復帰前、アメリカ人にハバハバ(早く)と急かされてもスローの県民だったが、今、外部からスローライフの良さが押しつけられている。

私が高校生になった頃には沖縄全島に復帰闘争や政治運動が熾烈を極めるようになった。全軍労のクビキリ問題も深刻になったが、反面、米兵相手の社交街等、米軍を支持する人も少なくなく、沖縄の人どうしが水と油のように分離してしまった。

「石油ショック」の頃からだろうか、米軍が米兵の給料（日本政府の思いやり予算、つまり日本国民の税金）の三分の一を「ドル防衛」のために強制的にアメリカ本国に送金するようになったという。以前の米兵は高級ステーキを食べ、Ａサインバーではドルをばらまいたが、安い焼きそばしか食べられない身分になり、高価なモノは沖縄や本土の女性におごってもらっているという。

米兵による沖縄の人に対する事件や事故は、本土復帰後も頻発している。復帰前は沖縄の人々はすぐストレートに米軍基地の司令部等に押しかけたが、（まだ米軍基地に行くケースもあるにはあるが）今は日本政府、防衛庁に抗議に行くシステムに変わった。日本政府（の出先機関）が沖縄の住民に変わり、米軍に抗議する。しかし、住民の沸騰した気持ちや声が何かクッションのように吸収され、間接的に処理されているような懸念もあり、効き目が弱くなっているのではないだろうか。

昨今、世の中が混迷し、社会や政治の動き等、先を見通せないが、琉球王国時代のやり方、生き方が何かの参考にならないかと考えたりする。交易立国だったあの時代は、世界に躍り出、各国の資源や文化を受け入れ、自然を壊さず、戦争とも無縁（武器を放棄し、代わりに空手が発達したともいわれる）に新しい琉球文化を創り上げたのではないだろうか。

　今、輸出している泡盛や紅型《びんがた》等ももともとは琉球王国時代、泡盛はタイのお酒が、紅型はジャワ辺りの民族衣装が形を変えたといわれている。今後も世界からえたモノを琉球独自の風土とミックスし、新しい魅力的なモノにできないだろうか。

　このあたりを凝視しながら、何か独自の方法、日本政府の莫大な投資に頼らずにたくましく生きる道はないか、と沖縄の多くの人たちが考えている。

団塊世代の介護問題

松井直樹

はじめに

私が代表を務めさせて頂いている㈱ヒューマン・ヘルスケア・システムという高齢者介護専門の小さな雑誌社では、現在、ヨーロッパを中心に高齢者介護の現場を訪ねるツアーを行っている。対象はスウェーデンなどの北欧諸国を始めとして、オランダやイギリス、オーストラリアなどである。

そうすると、高齢者介護の背後にあるそれらの国々と日本とのその違いが見えてくる。介護問題の背後にあるのは、特にその国の背景にある文化的精神的なものの表徴の歴史である。それ故に、それはその国の近代化固有の問題であり、またその国の市民社会固有の問題でもある。

何故なら、介護問題というのは、その国の従来の政治や経済の枠組みを超えて、市民一人一人に課せられる消費税などの税負担の問題や介護保険制度などの様々な社会的な仕組み作り、ひいては民主主義の問題でもあるからである。

そして、それは、社会的な問題であると同時に、この戦後日本において、高齢化した日本人が避けては通れない「リビングウィル」や認知症ケアなどの精神的な意味での文化的な改革の必要性の問題でもある。

それは明治以来の西欧化の道を歩んで来た結果であり、日本人にとっては、何十年経とうがやり遂げなければならない「高い壁」ではないだろうか。

何故ならば、介護問題は、現在の出生率が続く以上、人口統計学上、逆ピラミッド型が三十年後、五十年後も続くという（後述）、避けては通れない道であるからである。またこれは日本ひとりだけの問題だけではなく、今後の発展途上中のアジア諸国のためにもその解決は必要なのである。

本好きだった幼少時代

私は現在、六六歳である。せっかくなので、幼少期の頃からのことを書きたいと思う。

私は、小さい頃から本が大好きであった。

四人兄弟の一番下で、兄や姉たちとは年が離れていたために家では孤独であった。しかし、幸いにも母が、兄や姉たちに子供向けの講談社の全集などの本を沢山、揃えていた。それが影響したのであろうか、母が言うには、私が幼い頃から本を抱えてニコニコしていたという位に本が大好きであった。

それは今も変わらない、本さえあればご機嫌になるのである。それが高じて現在、小さな雑誌社を営んでいるという訳である。

しかし、私は幼少時代に洋服は新品のものは一度も着たことがない。全部兄たちのお下がりであった。特に靴下は大きくなるまで一度も買ったことがない。

それは父が小さな靴下問屋を東京都中央区日本橋の馬喰町という街で営んでいたからである。

近所には、戦前からこうした服関係の現金問屋が多くあり、そのはずれの一角に父のお店があった。だから近所で服類は安く買えた。現在では大部衰退してしまったが、私が幼少期の一九五〇年代当時はこの街全体が大変にぎわっていた。父の会社には最盛期で二〇人位の若い方が働いていて、中には地方から出てきて住み込みの人もいて、母はその若い人たちの親代わりとして年がら年中、本当に忙しくしていた。また、忙しい父を助けてのお客様への対応、近所付き合いや親戚付き合い、私たち四人の子供の世話などてんてこ舞いであった。

母の名を朝子というから、ちょうど、最近のＮＨＫの朝の連続ドラマ「あさが来た」に出て来る主人公の白岡あさのようなバイタリティーのある母であった。

だから家には大変忙しい母の代わりに育児や家事をするお手伝いさんもいた。「ヨっちゃん」という名前の静岡県伊東市出身の太った優しい女性であり、私はこのヨっちゃんに育てられたため母以上になついていた（ヨっちゃんとの別れの時に大泣きしたのを今でも思い出す）。

まだ家の周辺には、東京大空襲の後大きなコンクリート片のある空き地が残っていた。だから、我たち都会に住む子供の頃の遊びは、こうした空き地や路地裏でのチャンバラごっこやメンコ、竹とんぼや釘指しなど集団で遊ぶ遊びが中心であった。テレビもゲームもない時代であるから、子供達の皆が見る紙芝居も大きな楽しみであった。

また、近所の町会の人々の楽しみは下町らしく、お正月や四季折々の行事、例えば初夏のお祭り、真夏の隅田川の花火大会、冬のべったら市など様々であった（これは現在でも変わらない）。

今、思い出すとＩＴもなく、映画「三町目の夕日」のような何か大変懐かしく、ゆっくりとした自由な時間と空間が当時は流れていた。

幼稚園は、最初は兄や姉たちが通っていた近所の幼稚園に通った。

この幼稚園は、吉田松陰も入っていた伝馬町の牢の跡地に建てられたもので、隣には江戸時代に江戸っ子に知らせる「時の鐘」を打ったという大鐘のある古いお寺があった（これは現在もある)。

ところが、夏のある日、当時は今と違って、大変衛生状態が悪かったせいか、母に連れられて近所の明治座に行った帰りに、アイスクリームを食べた私が突然に高熱を発した。

このため母が私を近所の病院に連れて行き、単なる風邪と言われたが、母はどうしても不安にかられて、タクシーで御茶ノ水にある「順天堂病院」に連れて行ってくれた。検査の結果、疫痢と分かって、私はそのまま鉄格子付きの隔離病棟へ緊急入院となった。

白山教会付属幼稚園

この当時、子供のかかる疫痢は、死亡率が高く大変恐れられていたが、クリスチャンの母の祈りが効いたせいなのか。命がかろうじて助かった。そのせいなのか、母は私を母が通っている文京区の日基教団小石川白山教会付属の幼稚園に編入させた。

この教会は、高い尖塔や大きい会堂があり、内部もカトリックのように演壇も高くて、ろうそくが壁の回りにあり、バロック的な感じの教会であった。小さな子供にとっては、大きくて怖くて厳めしい雰囲気の教会であった。

この幼稚園では、毎朝初めにクラシック音楽を聞かせられた。園児たちも、文京区の山の手の住宅街に住む良家の子供たちばかりで、遊びも下町の子供とは全く違って静かな知らない遊びだったので、友だちもできずに編入した私は一種のカルチャーショック状態であった。

　また、下町の馬喰町から文京区までは幼少の私には通えないので、幼稚園へは、毎朝忙しい父が車で連れて行ってくれた。帰りも一人では帰れないので、忙しいお店の誰かが手が空いて迎えに来るまで日が暮れても、たった一人でポツンと教会の門の前で泣きながら待っていた。

　だから、この幼稚園へ行くのが嫌で、嫌でたまらなく、教会の門の前で毎朝ぐずって、父が教会の隣にあったパン屋で菓子パンを買って私を宥めてくれた。

　しかし、クリスマスの日だけは、その普段は厳めしい雰囲気の会堂がきれいに飾り付けされ、園児の皆とも仲良くクリスマスのページェントをするなど、いつものような雰囲気ではなくて大変楽しかった。（私が今、東京都三鷹市にある三鷹教会の教会員であり、子供の教会の担当で、クリスマスのページェントをするときにいつもこの白山教会での楽しい思い出を思い出す）。

模型作りに熱中

　小学校は、家の近くの公立の学校に通った。都会のど真ん中にある小学校であるから、校庭はコンクリートの狭い場所で、おまけに戦後のベビーブームであるから一〇〇〇人（一クラス五〇人以上）近い子供たちが在校していた。休み時間はその子供たちが、狭い校庭に一斉に飛び出して、押し合いへし合いながらの遊びであった。

当時はまだ、隅田川の船の上で暮らす水上生活者や川淵には数多くのバタ屋部落があった。しかし、繊維の現金問屋の息子もそんな子供たちも共に分け隔てなく遊んだものである。むしろ差別をしていたのは、この公立小学校の教師たちであった。

家に漫画がたくさんあるY君という少し太目の優しい子と仲良くなり、その子の二階に上がり込んでは当時大流行であった手塚治虫のマンガを読んでいた。

また、放課後は、ほとんどが模型作りに費やされた。丁度、プラスチック製の模型の飛行機や船（宗谷丸など）が出始めたばかりで、それにはまり、作っては眺め、作っては眺めていた毎日であった。

そして小学校も高学年なると、「勉強、勉強」という声が主に教師から聞こえ始めた。そうすると楽しかった学校生活が楽しくなくなってきた。そして、皆と一緒にそのまま同じように受験勉強に流されて行くのは何となく嫌だという反発心も子供ながらに生まれ始めていた。

また、当時の東京の下町は大変に空気が悪く、母が子供たちのために空気の良いところに引っ越そうということで、父と母がよく春に桜を見に行った東京都下の井の頭公園のある中央線沿線の三鷹市内に家を建てたのが小学校五年生の頃であった。

私は、そのまま小学校卒業を待ってから中学受験をするか、六年時に転校するか判断に迷った。しかし一度、次兄や姉が通っていた町田市内の大正時代の自由教育の流れを汲むT大学の付属小学校に見学に行ったところ、緑豊かな広い校内の中に子供たちの大きな絵画や彫刻などが置いてあったので、模型作りの大好きな私は、気に入って転校することにした。

だから、五年生の終わりの日のクラスメートとのお別れの際に、「勉強、勉強」と言っていた担当の先生から「松井君はこれから狭き門に行くのだ」と言われて、意味が分からなかったが何となく気恥ずかしくなったことを覚えている。そのアンドレ・ジイドの言葉の意味を知ったのはかなり後であった。

私は電車で一時間半以上もかかるその大学の付属小学校に転校した。

この小学校では、子供たちの個性的な部分を伸ばそうということで、図工や絵画の時間が多いだけでなく農業体験など様々な授業をしていたので毎日大変楽しかった。

しかし、転校して直ぐの時に、背の低い生意気な同級生のF君と喧嘩になった。放課後にお互いに決闘をしようと言うので、外の庭で喧嘩をしようとしたら、副担任の若い大変厳しい体育担当のK先生が廊下を通りかかった。二人ともしつけに大変厳しい体育の菊池先生だけに、てっきり喧嘩を止められて怒られると思ったら、K先生は窓越しに私たちを見てから、止めもせずにそのまま行ってしまったので、二人とも気が抜けて喧嘩を止め、それからは仲良くなった。

その時以来、そのF君とは学校（高校、大学）は違っても、社会人となっても、小学校六年生以来、半世紀以上もの長い間、良いことも悪いことも付き合っている。しかも業界誌（別な業界）の編集者として同じ仕事で、会社も近所にあるという偶然さである。

もしあの時、K先生が廊下を通らずに、また普通の小学校の先生らしく二人の喧嘩を止めていたら、F君とはそういう一生を通じた友人関係にはならないであろうから、人生とは誠に不思議なものである。

また普段は子供たちには大変に厳しいが、本当は愛情を持っており、いつも子供たちを見守っていたK先生が見せたその一瞬の判断力には頭が下がる。それは、公立の小学校の表面上は優しくても、体制順応的な「でもしか先生」とは確かに違っていた。

パイロットに憧れる

中学校には大学付属のためそのまま持ち上がりで通った。

一年の時に、区立小学校の低学年の時に大変仲良しだったY君が入学した。しかし、子供ながらにそのまま上がった同級生と外から来た子供たちとの差を感じていて、Y君とは敢えて付き合いをしなかったのは、子供ながらも差別的な側面を自分が持っているということの証拠であろう。

ところで都心と違って東京の外れの大変に空気のきれいな、田園地帯の真ん中にある小学校に行き、私はますます飛行機が大好きになっていた。時間があればいつも大空を見上げて、雲と雲の間を飛行機で飛んでいる自分を空想するのが本当に好きであった。そこで、中学では模型部に所属して、三年間飛行機の模型作りに熱中した。

クラスの皆からも私は大の飛行機好きと見られ（「ヒコキチ」と呼ばれていた）、それが高じて、自分で小型自家用機の設計をまだ教わっていない数学を独学をしながら考案して発表したら賞をもらった。また、今の鉄道ファンと同じように日曜日には、羽田飛行場や厚木にあるアメリカ軍の空軍基地をF君と一緒に訪問したし、自衛隊のパイロットにも憧れた中学生時代であった（当時は何の矛盾も感じなかった私であった）。実際に小田急線の鉄道員になった友人もいた。

ところでまた、この学校はキリスト教系の学校であったので、中学では礼拝が週一回あった。そこで、色々な讃美歌を覚えさせられたが、これは今、三鷹教会で歌う時に大変に役に立っている。

しかし、中三となり、高校受験が近くなるとまた皆と一緒にそのまま付属の高校に行くのは何となく流されているようで嫌だという例の腹の虫が出てきた。また、憧れの航空自衛隊のパイロットになりたくて、外の高校を受験をするもにわかの受験勉強ではとても志望校には受からずに、滑り止めにも受からなかった。

あわや高校浪人かと覚悟した時に家から歩いて行ける距離のM高校にやっと受かった。その時には今は亡き姉が大変喜んでいたのを覚えている。

この高校は創設者がクリスチャンで、やはり大正時代から自由教育をモットーとした制服がない私立校で、系列の小学校には当時、無著成恭という「やまびこ学校」で全国でも有名になった名物教師もいた（こうした教育理念を持った教師の一部は後に起きた高校進学問題で「自由の森学園」の教師になった）。

従って、この高校も個性的でユニークな先生が多かっただけに、私としては大分助かった。例えば、人は誰でも青春時代には、「人間は何故生きるか」などに悩み、何となく人生の虚しさを感じる時がある（大学は哲学科を希望していた位である）。こうした時に、家にはウソを言って学校をサボり、学校には風邪と言って休んだことがあり、それが学校と家にバレた時があったが、先生にその理由を言ったら家族にも連絡してくれて不問にしてくれた。

また、当時の吉祥寺には有名なジャズ喫茶があり、自由なだけに放課後には私はそのジャズ喫茶に入りびたっていた。好きなジャズ奏者は神秘的なコルトレーンであり、放課後は何時間もコーヒー一杯で好きな本（キルケゴール、ハイデッガーなどの哲学書やドストエフスキー、カフカなどの小説）を読みながらそこにいた。また、このジャズ喫茶には学校の不良連中もよく来てタバコをふかしていた（しかし私はタバコはやらなかった）。また、映画も好きで、親には黙って深夜、家をそっと抜け出して、吉祥寺のスバル座という深夜映画の映画館で「アラビアのロレンス」などの名画を見たものであった。

幼・小・中・高と、その時々の本人の意向とは全く無関係に、何故か、世の中の価値観とは少し違ったキリスト教系の自由主義の学校に学び、いずれも個性豊かな先生方や友人に出会うことが出来たことは、私にとっては一生の財産であった。

しかし、一方、私の高校生時代の最終学年には、全国的に学生運動が次第に盛り上りを見せ始めていた。

荒れに荒れた大学生時代

結論から言うと私の大学生時代は、荒れに荒れた時代であった。

私が近所の私立高校を卒業した一九六八年という年は、アメリカのコロンビア大学やフランスの五月革命など世界中の若者たちのベトナム反戦運動が国内でも広がっていた年でもあった。

そんな自由なM高校だから現役では受からずに一浪をして、予備校通いの年にちょうど、東大入試が中止となった。

このような当時の時代背景から、世間一般の団塊の世代の他の学生たちと同じように、やはり私も哲学専攻から政治学専攻に変え、御茶ノ水にある中央大学の法学部政治学科に入学して学生運動に関わった。

入学式は、騒然とした雰囲気で行われ、バリケードで封鎖された校舎内では学生の自主ゼミ（法哲学など）が行われた。学生生活は「学問の府」とは名ばかりで、その当時は他の大学に泊まり込んだりして相当心の荒れた生活をしていた。

しかし、その中でもこうした荒れた学生に心を開いた数少ない良心的な学者に出会ったのは救いであった。岩波新書の「魔女狩り」を書いたドイツ語担当の森嶋恒雄先生はその一人であった。

森嶋先生は私たち学生達の訴えに真摯に耳を傾けてくれた。

当時ベストセラーになった先生のこの本は、自白を元にした暗黒裁判である魔女裁判の非人間性を暴いたものであった（後に冤罪事件の支援に参加したのもこうした影響もあったのであろう）。

こうした行動を通して私は、同じ同級生の仲間数人と知り合った。そこで彼らと大学の正門の前で待ち合わせ、再会された授業には行かずに、四人集まったら雀荘に直行するという麻雀通いやバイトとでほとんど青春時代を過ごした（今でも彼らとは年に数回会っている）。

また、二〇一四年一一月に、高倉健さんが亡くなったが、よく新宿や池袋の場末の映画館で健さんや日活の秋吉久美子さんの深夜映画を見た影響もあったので、バイトは某大手新聞社の子会社の報道映画の仕事を見つけた。この仕事は上記の場末の映画館への報道フィルム運びの仕事であり、お蔭でタダ券をもらい色々な映画を無料で観ることができた。

兄たち二人は大学卒業後に、父と同じ家業の繊維業界へ行ったのであるが、三番目の私だけは違って好きな道へ行かしてもらえた。そこで大学卒業後は映画関係の会社に就職するつもりでいたが、当時は映画不況で映画会社は、どこも採用はないので仕方なく出版社やマスコミ希望に切り替えた。

ところが大手の出版社の入社試験に軒並み落ちてしまい、マスコミ希望の私は、仕方なく信仰もないままにクリスチャンの母の縁故でキリスト新聞社に入社した。

しかし、そこで、一般の大手新聞社と違って、特定の業界のその分野の人々だけが読む業界紙という独特な雰囲気のある新聞社の世界があることを始めて知ったのである。

その当時のキリスト新聞社の雰囲気は、鎌田編集長の下、ベテラン名物記者の谷口さんを筆頭に業界紙特有の個性的な方々（編集部の榎本さんや五十嵐さん、営業部の小川さんなど）が多かったし、朴政権による金大中事件が発生するなど大きなニュースもあって社内全体が活気づいていた。また、朝会社へ行くと徹夜していた谷口さんが一升瓶を枕に私の机の上で寝ていたのもびっくりしたものであった。谷口さんは、今私が通っている三鷹教会を創設した石島先生と大変仲が良かった。

ところが、かっこいい新聞記者に憧れていた私が配属された部署は、新聞の編集局ではなく単行本作りの地味な出版局であり、しかも「キリスト教年鑑」の編集という一年間に分厚い年鑑（当時八二二頁）を一回出すという地味でコツコツした作業であった。

上司は、馬場嘉市先生の大書「聖書大辞典」を編纂した大浦八郎さんという大変立派な編集者であった（残念ながら早くに亡くなってしまった）。

しかし、華やかな映画やマスコミの世界に憧れていた若い私は一年間で一冊しか出せない地味な年鑑の編集作業には嫌気が差していた。一年が終わった後、私はもう一年、同じ仕事を続けるのが嫌で嫌でしょうがなくなっていた。

しかし、その大変地味な年鑑の編集作業のお蔭で、戦後日本の社会福祉事業の歴史や代表的な福祉を団体知ったことが後々、今の高齢者介護福祉の仕事にどれほど役に立っていることか。また、「聖書大辞典」のお蔭で、三鷹教会で学ぶ時の聖書の知識がどれほど広く、深くなったことか、今では馬場先生と大浦さんには感謝しても感謝しきれないくらいである。であるから人生とは本当に分からないものである。

一方、世間では、当時、連合赤軍事件などがあり、小学校時代からの友人のF君の友人の親族がたまたま政治的な大規模な冤罪事件に巻き込まれてしまった。

その当時は、今のようにDNA鑑定もなく、偏見や差別により狭山事件のような様々な冤罪事件が頻繁に起きていた。そこでその冤罪事件の弁護団の結成と共に弁護士や家族を支援する救援活動をする団体が結成された。

そこで、私はほとほと年鑑作りに嫌気が差していたキリスト新聞社を父や母には無断で辞めてしまい、次の就職もしないままに父と母の家を飛び出してしまい、仲間と共に肉体労働などのバイトをしながら、この冤罪事件や他の冤罪事件の支援活動に関わった。

当時の日本のマスコミは、森嶋先生の「魔女狩り」の再来のように、大規模な「真犯人」探しのキャンペーンを張り、世間の目の冷たさを実感していた私には「ほっとけない」というのもその理由であった。

そして、こうした支援活動の中で様々な差別から冤罪事件が生まれることも知った。部落差別や精神障碍者差別、外国人差別、山谷の日雇い労働者差別などである。

しかし、最初は直ぐに解決するだろうと軽く考えていたのであるが、ヨーロッパ中世の魔女裁判のように自白を元にした日本の裁判制度の壁は大変に厚く、この冤罪事件が無罪となるまでに、約一〇年間近くもかかった。

この種の冤罪事件は、厚労省元事務次官の村木厚子さんの事件がそうだったように現在でも頻繁に起きている。この事件もそうであるが冤罪事件の起きた時は、マスコミは、本当は偏見や差別に基づいた冤罪なのに、ろくに調べもしないで、その事件に対して「無事解決した。警察はよくやった」、として大々的に報道する。

そして一度、自白すると狭山事件もそうであるが日本の司法の壁は厚く、人権救済の道は大変に狭いのである。しかも大変な苦労の結果、やっと無罪となった頃にはこうしたキャンペーンを張った当のマスコミや世間はそうした事件があったことさえも忘れていることをこの一〇年間で実感させられた。

そして、またしばらくしてこの日本の社会的な矛盾から新しい差別が生み出されて、それによって新しい冤罪事件が発生することを繰り返すというのが、日本の社会の精神的な文化構造なのである。この北東アジアの日本にしかない部落差別もそうであるが、精神的な文化構造に欠陥がある日本において人が人を差別するというのはそういうことの温床になることを知ったわけである。

一方、一〇年間にもわたったこの冤罪事件の支援活動をしながらのバイトは、「草思社」という小さな出版社の営業部に仲間と共に勤めた。しかし、この小さかった出版社は、そこで勤務している間に何冊も続いてベストセラーを出して、大きくなったので待遇面は大変に良かった。しかもこの草思社で本の営業方法や流通を学び、ベストセラーの作り方を学んだことが後々大変に役に立った。

しかし、その後に様々なことから無罪となったこともあり、この冤罪事件の支援活動かも離れてしまった。そして、大学の学科が政治学科であったが学部が法学部だったので、冤罪事件のないような世の中の実現を考えた私は、今度は刑事弁護士を目指して、大学の法学部法律学科に潜り込んで司法試験の受験を始めた。

後述する長兄の縁故から中央大学法律学科の良き先輩達と知り合って勉強を教わり、その後は早稲田大学の法学部に潜り込んだ。そして大学近くの家賃六〇〇〇円のトイレ共同・風呂なしの共同アパートに引っ越して、午前中は、飯田橋近くに多い本の製本屋に勤めた（この印刷関係の仕事も後で大変役にたった）。

また、午後からは早稲田大学で司法試験の勉強をしたのであるが、学生時代に全く勉強しなかったせいか、年齢のせいなのかなかなか受からない。

しかし、司法試験の科目中で唯一興味があったのが、社会福祉の分野であり、また公法を学んだ点も後で大変に役に立った。

そして五回受けても全く見込みがないので弁護士を諦めた。最後の年に法務省の壁の紙に自分の名がないのを見て、その帰りに地下鉄線の構内で自死への誘惑に駆られたのは事実である。

その頃には大学卒業して既に一五年以上も経っており、三〇も半ばを過ぎていたのに相変わらず私は、今でいうフリーターのままで、仕事もお金もなく、結婚もできずに人生の目的を失って、ただただ暗い毎日を送っているだけだったのである。

亡き母のクリスマス会

ここで私の母について触れよう。

母が生まれたのは、背後には八ヶ岳、前面には諏訪湖のある長野県下諏訪町である。

母は九人兄弟の一番上の長女として、病弱な祖母の代わりに七人の子供の世話をしながら勉強に励んだ。しかし、家が裕福ではないために、女性で一番の成績だったが上の学校には行けなかった。

このため、四人の子供たちの教育には母は、人一倍教育熱心であった。

また、私の母は、大変に忙しい父の会社を助け、前述したように小石川白山教会の熱心なクリスチャンであった。

ところで母の熱心さのその背景には、宗教は違っていても、信州の諏訪の精神的な文化風土があるように思える。母の実家の近くには今でも大きな下諏訪神社があり、お爺さんは熱心な山岳信仰の信者だったし、母の兄も、毎朝、般若心経を書くような、地元でも有名な信仰心の厚い人であり、いわゆる信仰の中心の市井の中の宗教者というのか、在野の信徒でありながらも仏教の郷土史の本を二冊も刊行している。

私の母は本当に熱心なクリスチャンだった。

従ってクリスマスには、私が小さい頃から毎年、家族や親せきが家に大勢集まって、クリスマスツリーを飾り、電気を暗くしてローソクをつけて皆で讃美歌を歌い、母がお祈りを捧げる習慣が家にはあった。

そして、司法試験の受験から五年目のクリスマスの日に、私は受験をやめる決心をして、家へ帰った。家には、クリスマスのお祝いで、父と母と兄や姉が昔のように、一家揃って集まっていた。てっきり怒られると思っていた私に対して、父と母は優しく対応してくれた。そして昔のように一家で電気を暗くしてローソクをつけて聖書を読み、讃美歌を歌い、母がお祈りを捧げた。

母が何故、クリスチャンになったかであるが、未だ若い頃に、親や兄に隠れて教会に行っていたようなことや働いていた店員さんの中で、障碍を持っていた人で、大変に純真な人がいて、その人がクリスチャンだったからと聞いている。そして、私の家にはドイツ系アメリカ人宣教師で、社会福祉事業では有名なモーク先生の写真があったので、母の白山教会での受洗には、明らかにこうした「ペンシルバニア・ダッチ」の末裔のモーク先生の影響があったと思う。

母は、このようなモーク先生の影響を受けただけに、大変に熱心なクリスチャンであり、四人の子供たちを皆キリスト教系の学校へ入れた。

まず、最初は兄弟の中で一番優秀な長兄を中学から青山学院に入れた。

恩師の関田寛雄先生

前述した親不孝な私がクリスマスの日に帰った時であるが、少し変わったところがあるが、私には大変に面倒見がよいクリスチャンの長男の兄が、自分が卒業した青山学院大の教育学部の夜間部に聴講生として当時、通っており、人生の目的を失ってふらふらしていた私を同じ聴講生に誘ってくれたのであった。

この長兄から紹介された夜の青学のⅡ部のキャンパスは、喧噪な昼間の雰囲気とは全く違い、静寂な雰囲気があって、別世界のように静かで落ち着いていた。特にクリスマスのシーズンは、イルミネーションが大変きれいであった。

そして、そこで人生の目的を失っていた私は、恩師の関田寛雄先生と出会ったのである。当時、関田寛雄先生は神学科の廃止問題で大学の経営者側と対立しており、毎年、教授会では教授に推薦されながらも教授になれずに、年齢が高くなっても夜間部の万年助教授のままで、新入生のキリスト概論の担当であった。

関田先生の授業は、私の好きな映画の話（フェリーニの「道」や「男はつらいよ」など）が多くて大変に面白しろかったので、もう一度、大学で学びたくなり、私は昼間は後楽園のレストランでコックとして働きながら、小学校の教師を目指して青学の夜間部の教育学部へ行き始めた。また関田先生は、川崎の戸手伝道所で在日の方々の牧会をしていて、クリスマスの時には近所の信者さんへキャンドルサービスをした。その後で在日の方の食堂で心のこもった美味しい料理を御馳走してくれた。

そして、私は関田先生から紹介されたⅡ部点訳部という点字サークルに所属して、障碍者問題に関心を持ち始め、友人たちと共にボランティア活動をする中で足立区花畑の金井康治君という中学生の障碍者やその地域のボランティアの人々と出会うことができたし、山谷でのボランティア活動も少しできた。

また、関田先生の御縁で、早稲田奉仕園の東南アジア問題の読書会に出席して、その読書会で、勤務の傍ら山谷のボランティア活動をしていた現在の妻とも知り合うことができた。

ところが小学校の教員には年齢制限があることも知らないほど、世間に疎かった私は、年齢制限の結果、教員にはなれずに、結局は元の古巣の業界紙の仕事に戻ることにした。もう年齢は三〇代の後半であった。

始めは小学生向けの教育関係の業界紙に入社した。しかし、この会社は著名なルポライターの佐野真一氏の「業界紙諸君」という本の冒頭にも出て来る、今でいうブラック企業であった。しかし、そこの編集長には取材記者のイロハを教わった。

そこで、新しく仕事を探していた所、環境問題関係の業界紙が記者を募集していた。焼き栗屋の大きな看板の付いていたビルの会社で、環境問題は専門外ではあるが試しに入社試験を受けたら幸運にも合格した。

その理由は、後で分かったことであるが、この環境問題専門の業界紙が新規事業として新しく日本初の高齢者問題の業界紙を発行することになったからであった。多分、キリスト新聞社での年鑑の編集と司法試験の社会福祉の勉強で多少社会福祉関係のことを知っていたこと、青学のボランティア活動で障碍者問題に詳しかったことなどが採用された理由であろう。本当に人生何が幸いするかは分からないものである。

ところで、この当時、父（明）は難病である胸の病で近所の病院に入院中であった。このため私はよく父のところで、車いすを押したりして高齢者の介護問題に興味を持ち始めていた頃であった。そこでその父に相談したら「やるだけやってみろ」という答えが返ってきた。明治生まれのその父は、千葉の片田舎から上京して、学歴のないままに丁稚小僧から、一からたたき上げて、会社を大きく創り上げ来ただけに大きな励ましだった。

キリスト新聞社を二二歳の時に辞めてから、三八歳まで今でいうフリーターで過ごし、次の就職までに一六年もかかったわけで、本当にその間は、父と母には随分と心配をかけたと思う。またその間温かく見守ってくれた父と母には本当に感謝したい。

現在の日本の高齢化率は約二六％であるが、今から二八年前の一九八八年（昭和六三年）当時は、高齢化率がわずかに約一〇％位であった。

従って、今のように世間では高齢者の介護問題は騒がれておらず、掲載する記事自体がほとんどないという状態であった。そこで問題の取材記者としていきなり、大手の企業や役所にネタ探しに訪問することになったがこの時にはブラック企業の教育関係の業界紙の取材記者の経験が大変役に立った。人生何が幸いするか本当に分からないものである。

また、卒業以来付き合っていた妻が、霞が関ビルの中の団体の広報部にいたので、よく遊びに行ったのも楽しみであった。そこで同じような仕事なので意気投合して、家も近く、既に年齢も年齢なので、結婚を決意した。結婚式は早稲田奉仕園で行い、司式は関田先生にお願いした。しかし、後で妻に聞いたら仕事も不安定な私との結婚は両親から反対されたそうである。

同僚の大変優秀な女性記者のＨ氏（現在はＫ大学大学院教授となっている）と共に三年間、やっとこの新聞が軌道に乗り始めた頃というのは、ちょうど、日本全体がバブル経済で沸き立っていた時代でもあった。

しかし、長年霞が関を取材している会社の上司が霞が関を歩きながら「この経済はどうもおかしい」という注意の言葉を吐いたのを覚えている。

その頃からであろうか、私の中には「仮に日本の財政が上手く行かなった時と少子高齢化問題が深刻化した時が重なった場合、この日本はどうなってしまうのであろうか」という問題意識が生まれ始めていた。

しかし、まさに当時は、世間は世を挙げてのバブル経済の時代である。

こんな業界紙の成りたての平の記者である私にもある大手設計会社の部長から、上手い話が転がり込んで来たのはちょうどその頃であった。

当時、業界でも名が知られていたその部長から高齢化問題の新会社を銀座で立ち上げるので協力して欲しい、しかも給料が高く（ちょうど、最初の子供が生まれたばかりでお金が欲しかった）、部長職にもなれるという大変美味しい話であった。

家族に相談したところ反対されたが、その誘惑に乗ってしまい会社を辞める決心をした。しかし、会社を辞める前に最後に海外の現状を一度見ておきたいということで会社には黙って、その部長と共に五月の連休中にアメリカのあこがれの「サンシティ」に行くツアーに参加した。

私としては生まれて始めての海外旅行であり、最初に訪問したアメリカという国の大きさにも驚いたが、アリゾナ州の広い砂漠のど真ん中に高齢者だけの数万人規模の大きな街が忽然と現れたのにはびっくりした。

しかし、サンシティの広い街の中のボーリング場でもデパートでも行けども、行けども高齢者（しかも白人）ばかりいることの異様さと認知症ケアが困難であること、在宅での突然死が多いことを聞いたことが大変に印象に残った。

会社を創設

新しい会社の仕事としては、介護付き有料老人ホームの立ち上げ企画や高齢者のボランティア団体の立ち上げなどであった。

しかし、移ったばかりの新会社はバブル経済の崩壊と共にあっと言う間に立ち行かなくなってしまった。

しかも、事務所も銀座ではなく池袋にあり、部長職として少しの間、多少の金を貸して欲しいということで私が貸したお金がそのままその新会社の資本金になっていたというお粗末さである。というわけで、あえなくその会社は解散した。

しかし、残されたのは行き場のない私と部下二人と騙されて戻ってきた多少のお金である。

そのまま解散しても良かったが、数寄屋橋近くの喫茶店で部下二人と相談した後、喫茶店の外へふらっと出た所に占い師がいて、何か始めたほうがよいと言われた。

そこで、戻った多少のお金と部下二人とで現在の会社を立ち上げたのであった。そこで新会社の名前も皆で考えたが、三人の意見がまとまらないので、三人の好きな名前を付けたのが現在の社名「ヒューマン・ヘルスケア・システム」となった。

私としては以前から「財政問題と少子高齢化問題が重なった時、日本はどうなってしまうのであろうか」という問題意識が生まれ始めており、その解決の一助になればという意味を私としては、その言葉に込めたつもりであった（今まさにその問題が浮上しつつあるが）。

といっても仕事も事務所も何もない中で、いきなり部下を二人雇用したわけであり、家族中が反対している中で、母だけが喜んで賛成してくれた。

以上のような偶然の経緯から一九九一年一月にヒューマン・ヘルスケア・システムは発足した。

母を除いては家族皆に反対されたから（父は既に召天していた）、最初の事務所は、千代田区内の共益費込みで家賃五万円の木造アパートであった。木造なのに何故かビルという名称が付いていた。クーラーもないので、冬はよいが夏は扇風機だけで蒸し風呂状態であった。

大事な顧客をそんなボロ事務所には呼べないので、もっぱら先方に出かけて行っての仕事であった。どうしても会社に来たいというお客には、近所の喫茶店で用件を聞いた。

しかもコンサルタントらしくするためにカッコを付けて、当時出たばかりのノートパソコンを大枚三〇万以上も出して買ったが（大体当時のパソコンは今の六倍くらいの値段であった）、その新品のノートパソコンを社員が誤ってお茶をかけて、すぐに使いものにならなくなってしまった。

望みは、「財政問題と少子高齢化問題が重なった時の日本の方向性を考えたい」と高いが、全くお客が来ない日が何か月も続いた。

最初のコンサルタントのお客は、長野県上田市の天津甘栗の焼き栗屋であった。栗の実が中国からの方が安いので、栗を植えていた栗林の跡地の利用であった。土地の有効利用にはほど遠い物件であった。仕事はしたが、お金は支払ってもらえなかった。また、Dという大手ハウジング会社に高齢者事業のノウハウを持っていかれたこともあった。

また、慣れない商売に手を出して、家庭用の商品を大量に作って全く売れないこともあった。大量な不良在庫を抱えて途方に暮れて道端でたたずんでいた時、目の前を普通に歩いている人たちは、一体、どうやって稼いで暮らしているのか不思議に思ったことさえもある。

「何を残して行きたいのか」

ところで、ヒューマン・ヘルスケア・システムも創立以来、二五年間も経った。当時の「財政問題と少子高齢化問題が重なった時、日本はどうなるのか」という問題意識は、国の債務が一〇〇〇兆円となりますます現実味を帯びてきた。

その間に念願であった雑誌も一九九六年に創刊することができた。その創刊号には、ガウディの作った建物の写真を表紙に飾った。

ガウディは、住み慣れた土地のバルセロナで今でも残る幾つもの建物を高齢になるまで作り続け、さらにサグラダファミリアが今でもバルセロナの人々によって建設し続けられている、その精神に学びたいという気持ちからその写真を選んだ。そして、その写真のコメントには、「住み慣れた土地で、いつまでも暮らしたいという、多くの人の望みを現実にするために、施設というものが何ができるかを考えていこうではありませんか」という文章を掲載した。しかし、それは二〇年経った今も全く変わっていない。

また、医療と介護の経営ジャーナル誌「シニア・コミュニティ」も今年で一〇〇号を迎えた。今から二〇年前の弊誌創刊の頃は、実は三号目で廃刊になると思っていた。それが今日まで続けられたのは、ひとえに社員と購読者とスポンサーのお蔭であり、本当に感謝したいと思う。

また今から考えると日本初の介護問題の業界紙の記者として、知り合った数多くの方々の中で、当時、有料老人ホームの団体の長を務められていた聖隷社会福祉事業団理事長の長谷川力氏に、出会えたことは大変に幸運だったと思う。

かねてより、あることから長谷川力氏の叔父にあたる創設者の長谷川保氏を父と母が大変に尊敬していたこともあり、弊誌を創設してから、再度、長谷川力氏の話を浜松で聞くことができた。

そして、それを機会に他の介護福祉事業者とは違った聖隷のキリスト教を背景にした介護福祉の在り方を学ぶと同時にそれを通して、もう一度、キリスト教に接する機会に恵まれた。

そして介護福祉の雑誌作りという仕事を通して、もう一度、母や長兄、関田先生から教わった信仰というものの本質に再会するきっかけになったことは、本当に感謝である。

それは例えば、高齢者の人格性やその多様性の尊重であったりするが、こうした聖隷の長谷川保氏のような宗教的な背景抜きに（仏教であったとしても）、人の「命」や「人格性」を扱う介護福祉という仕事は語れないのではないかと思う。

本文の冒頭に書いたように、介護問題というのは、主にそれぞれの国の背景にある文化的なもの、精神的なものの表徴の歴史である。それはまた、それぞれの国の市民社会そのものの歴史である。故に、それはそれぞれの国の近代化固有の問題であり、またそれぞれの国の市民社会固有の問題でもある。

そういう意味では、二八年前に約一〇％であった高齢化率が一・六倍になるという最速のスピードで世界トップの高齢化率（約二六％）、つまり国民四人に一人が六五歳以上であるというこの東北アジアに位置する日本は、先進国でありながらも、その日本社会の特質（政治、経済、市民社会、前述した差別的な精神的文化的構造を持つ文化風土）を含めて極めて特殊性のある国であろう。

その矛盾は、我が国の高齢者介護分野の「発展途上性」に現れていると考えられる。

例えば、冒頭に挙げた介護福祉先進国スウェーデンでは、税金が高い国として知られているが、介護施設は公設で運営は民間の非営利団体のNPO法人が運営している（以前は公設公営であった）。また中福祉・中負担のオランダでも同様である。

介護事業を全面的に株主への配当利益目的とする株式会社に任せているのは医療保険制度のないアメリカくらいなものである。

日本では聖隷社会福祉事業団のような理念を持った介護事業者を少しでも増やしていかねばならないのだが、国の方向性は、利益率を求める株式会社が運営する川崎市内の老人ホームで起きた殺人事件が示すように、そうではない。弱肉強食のアメリカのように上場をして株主の配当利益を追求する市場原理主義に介護事業を委ねているのが日本の現実である。

そしてさらに、北欧のスウェーデンでは、これらの介護施設の建物や運営を支える財政面（消費税）では、市町村に権限があり、市民の見える距離において、透明性が高く、税金が高くても税金の使われ方がはっきりしている。

例えば、自分の要介護の親が自分の住んでいる街の中のすぐ近くの介護施設にいて、自分の支払う税金がその介護施設の職員に直接的に支払われれば、納得もするし、また自分の老後にも安心もする。また、老後に安心感が持てるために貯蓄率も日本のように高くなく、お金を消費に回せる。従ってスウェーデンの国民一人当りのGDPは日本より高く生産性も高いのである。

しかもその自分の税金の使い道を決める市議会は夕方から始まり、市議の給料も日本のように高くはない。しかもまた、スウェーデンは戦争のない国として第二次大戦中は中立を守り、過去二〇〇年間も戦争はしていない。このため、日本人にはないこの国民のスウェーデン政府に対する信頼観が根柢にはある。だから選挙の投票率は八〇%以上である。

しかし、日本では江戸時代以来、税金については、お上が農民に年貢米を供出させるような感覚である。しかも、誰もが老後が不安であるから働いたお金は使わないで貯める一方である。また、過去において無謀な戦争を引き起したように、税金の使い道にも透明性を欠くから選挙の投票率は低いという悪循環が続いている。

冒頭で指摘したように介護問題は、その国の市民一人一人の問題としていつか必ずやって来るものであるが故に、市民自身が自らの持つ「市民力」「人間力」のアップをしなければ解決できない問題でもある。

何故なら、介護問題というのは、従来の政治や経済の枠組みを超えて、市民一人一人に課せられる上述した税負担の問題や様々な社会的な仕組み作りの問題でもあるからである。従って、従来のように上記のような日本型の社会システムを何も変えずに、前述したような日本の現在の介護分野の「発展途上性」のままで今後も推移していけば、おそらく私たちの老後は今後も不安のままであろう。

従って、現在六六歳となって高齢者の仲間入りをした私は、二八年前のシニア・コミュニティの創刊号で書いたように「住み慣れた土地で、いつまでも暮らしたいという、多くの人の望みを現実にするために、」何を残せるのか、何時までできるのかは全く分からないが、今後ともこのヒューマン・ヘルスケア・システムの仕事を続けていきたいと思うのである。

大都会の高齢化問題

国立社会保障・人口問題研究所（平成24年版高齢社会白書）によれば、わが国の人口は二〇一〇年の一億二八〇六万人をピークに減少して、二〇三〇年には一億一六六一万人、二〇六〇年には八六七三万人に減少する。しかし、七五歳以上の高齢者は、二〇一〇年の一四〇七万人が、二〇三〇年には二二七八万人、二〇六〇年には二三三六万人に増大する。このため、二〇六〇年には人口が現在の約三分の二となり、しかも四人に一人が七五歳以上となる（高齢化率約四〇％）。

つまり、前述したように逆ピラミッドの形は、今よりも逆に鋭くなって行きながら、形が縮小していくことになるだけで、ピラミッド型にはもう戻らない。

これを地域差でみると六五歳以上（二〇一〇～四〇年比較）では、マイナスに減少する県は秋田や鳥取、高知などで、逆に東京や神奈川、大阪などの大都市部では四〇％以上の急増率である。しかも、東京でも都心を中心にしたドーナツ型の地域（神奈川、埼玉、千葉など）に固まっている。

これは、日本の戦後の高度成長期に地方から就職してそのままに定年退職して、少子高齢化した地域になっているからである。このように介護問題というのは日本の戦後の高度成長期に作られた現在の社会的な仕組み作りや日本の社会システムの問題なのである。

例えば、現在、首都圏の介護業界では深刻な人材不足という問題に見舞われており、新設の介護施設では手が足りずに、オープンしても全てのベッドが稼働できないでいるが、それは、介護現場だけで解決できる問題ではない。

むしろ介護現場の職員を単なる3Kというように呼んできた、日本社会の価値観のなせる業であり、それを無駄な投資として扱うような高度成長期に作られた現在の社会的な仕組み作りの問題である。

そして、欧米諸国に比べ日本の社会保障のコストは割安にもかかわらず、「骨太の方針」（毎年五〇〇〇億の歳出カット）を打ち出している現在の財政当局も介護保険の給付費の抑制に乗り出しており、このようなままで今後も推移するならば、東京に住む現在六六歳の私のような者の介護問題、これを業界用語で「二〇二五年問題」（団塊世代が一〇年後、七五歳以上の後期高齢者となるのが二〇二五年という意味）と言うのであるが、今後一体、どのようになってしまうのであろうか。

前述したように、介護福祉先進国スウェーデンでは、税金が高い国として知られているが、所得税は日本と同じく国に徴収権があるが、実は消費税は介護施設の建物や運営を支える基礎自治体の市町村に権限がある。また、世界で最初の介護保険制度が生まれた中負担中福祉のオランダでも同様に市民の「公共の福祉」が発展して、地域のＮＰＯ法人が活躍している。

そのほうが市民の見える距離において、透明性が高く税金や保険料が高くても税金の使われ方がはっきりしているからである。このようなよほど思い切ったスウェーデン並みの行財政改革やオランダ並みの地域包括ケアシステムの充実策がとられなければ、現在のところは近所への民間のサ高住や介護付き有料老人ホームへ入居するという方法しか私達にはなさそうである。

ところで、このサ高住や介護付き有料老人ホームついては、昨年の川崎で起きた大手の株式会社が経営する高齢者への殺人事件を含めた虐待事件がすぐに思い起こされよう。

しかし、そうならないためにはどうすればよいのかというと、すぐには、自分で良いサ高住や介護付き有料老人ホームを選んで、そこに入る方法しかすぐには思い浮かばない。もちろん入居する費用の点があるが、費用が高くても良いということが必ずしも言えないのが、他の業界とは違う、この介護業界の世界の特徴なのである。

高齢化（特に認知症）についての考え方

ここに気になるデータがある。それは介護保険スタート時に厚生労働省が見込んでいた認知症の人の数字を二〇一三年に大幅に修正（その時まで三〇五万人で高齢者の一〇人に一人だったのが、患者数は四六二万人となり、高齢者の一五％が認知症という数字に修正）している点である。その原因についてはまだ明らかではないが、認知症が生活習慣病の一種であるという現在の通説に従えば、仮に日本人に限って数字が多いとなれば、それは日本人のライフスタイル（食生活を含めて）固有の問題になるからである。すなわち、米文化や糖分のとりすぎの問題である（なお糖尿病と認知症の因果関係については世界中の国々で立証されている）。つまり、ごはんを食べた後にＴＶを見て寝そべってごろごろしていることや甘い物が好きな日本人（特に私のように）には、認知症の人が多いのではないかという疑いである。

そこで、この私の認知症が進んだことなどで要介護状態となった場合には東京に住む私や家族（子供たちは遠方にいる）はどうすればいいのかということになる。

そこで、どのような介護施設を選べばよいのか。一応、専門記者として約三〇年間にわたり、海外や国内の介護施設を取材した経験からこのチェックポイントについて、以下いくつか紹介する。

この大都会に住む場合の施設選びについては、いくつかののチェックポイントがあるが、その前にこの質問には、「誰にとって」という言葉が抜けていることに気付かない人が多い。

この点は、世間ではよく誤解（？）があるので、こうした施設に入居を希望する際にはよくよく十分に考えた方がよいであろう。

お葬式の方法もそうであるが、本人の思いと家族の思いが違っているケースが多くあるからである。

例えば、よく巷では家族葬が流行っているが、本人は親しい友人にも来て欲しかったということが葬式の後で分かり（また、友人も最後の別れをしたかった）、わざわざ改めて

「お別れの会」をするというようなケースがそうである。

意外にも人生最後の場面で、本人の思いと家族の思いが違っているケースがあるが、人生最後の選択となるこの介護施設選びもそうである。

つまり、要介護者の家族は、自分の住む近くの施設で本人が最後まで暮らして欲しいという希望を持つことが多いが、本人は、時々来る家族よりも、「疑似家族」である施設内の人間関係（介護職員を含めた）のほうが重要性を持つのである。家族からは近くなくても（もちろん近くに入居金も手頃で良い介護施設が見つかればそれにこしたことはないが）、本人にとって住みやすくサービスの良い施設であれば構わないという発想の転換が必要であろう（日本版ＣＣＲＣ）。

この「誰にとっての施設か」という点は、意外と見落とし易い。

例えば、施設の外観は立派でも、それは「誰にとっての外観の立派さ」なのかということである。

むしろ、外観の立派さよりも施設選びには右記のように「サービスの良さ」のほうが大事である。例えば、認知症の要介護者が健常者のように年中外出するわけではないし、豪華な食事を毎日自宅で食べる人はいないであろう。ホームは、普段暮らすその人の家そのものであり、ホテルではない。

また、毎日の食事の重要性は、施設選びの大事なポイントである。外出のできない要介護の高齢者にとって食事は大きな楽しみとなるからである。この点、食事は外注ではなく、普段の材料でも気持をもって作る自前の調理スタッフのいるホームを選ぶべきであろう。またさらに、夜勤体制の充実度いかんによっても、介護施設のその良し悪しは分かる。

それを簡単に見分けるにはどうすればよいのか。それは介護経営者や介護職員自身が「自分の家族を入れたい施設かどうか」なのであるが、今の日本の制度や社会的な仕組づくりの中でそういう介護施設を見つけるのには残念ながら現状ではなかなか困難なのである。

それは、日本の介護施設の中に、キリスト教文化の影響下にある欧米と違ってパウロが指摘したような「喜ぶ人と共に喜び、泣く人と共に泣き」（ローマ12・15）という経営理念のホームが少ないからに他ならない。現在、認知症ケアに関連する介護殺人が確実に増加しつつある。仮に現在のままでそうした良心的な姿勢の介護施設を大都市部に増やすような仕組みづくり、制度づくりを団塊世代の私たちがしない限り大都市部の認知症の高齢者（つまり我らの世代の終末の姿）に明日はないということになりはしないだろうか。

そのようにならないように我らは声を上げ続ける必要に迫られていると思う。安心して〝死〟を迎えられることが人生の幸せと言えないだろうか。

年を経《ふ》れば

峠　憲治

私ごとについて書くことから始めたい。拙い一文ながら、私と私の両親とにかかわるささやかなクロニクル（年代記）として、いくらか記すことができれば、あるいはそこから時代を超えて、何かが透けて見えるものが現れるかもしれない、とのいささかの思いからである。

私が生まれた長崎県西海市大瀬戸町は、地理的には長崎県の西方にあり、長崎市と佐世保市の中間部に位置する。そこを南北に伸びる西彼杵（にしそのぎ）半島というところにある。半島の東側は大村湾で、湾内の一部を埋め立てて造った、日本最初の本格的な海上空港がある。半島の西側は東シナ海とつながる。その対岸には遠く五島列島の島影をうっすら望むことができる。五島列島からさらに西へと進めば中国大陸である。

半島周辺には、一大観光地で、大村湾に面するハウステンボスや、旧崎戸炭鉱があった崎戸島、九州では最後の炭鉱として一五年前に閉山した池島、作家の故遠藤周作さんの「沈黙」の舞台で知られる遠藤周作文学館などがある。文学館のある外海からは、多くの隠れキリシタンが海を越えて五島列島に渡っている。その外海や五島などの教会群を世界遺産にとの運動は、今夏にも世界遺産決定の見通しといわれていたが、国が推薦を取り下げ、あらためて数年後の登録実現をめざすことになったのは記憶に新しい。

西彼杵半島は、一方で「陸の孤島」とも呼ばれ、長崎県内では辺境地だった故に長い間開発の遅れたところだった。崎戸炭鉱についてはあらためてふれることになるが、全国に文学伝習所を設けた作家の故井上光晴さんが一二歳のころ、炭鉱のあったこの島で過ごしている。そのころの体験が井上文学の原点ともなった。また、福岡・筑豊の記録文学者である故上野英信さんも、この崎戸炭鉱で働いたことがあった。

私の実家は、その西彼杵半島の山あいの寒村にある。代々、農業を営み、暮らしてきた。大正十一年に生まれ、今秋九四歳になる父と、大正一五年生まれでこの春九〇歳を迎えた母は、幸い夫婦とも何とか健在で、足腰の痛みを嘆きつつ、いつ逝ってもいいと言いながら、二人でミカン栽培や野菜作りを細々と続けている。長寿を保っているのは、これまで自然とともに土にまみれてきた生活がよかったのだろうか。

現役の農業者としては、父は集落では最高齢だ。集落一帯はもともと米や麦やサツマイモを作ったり、ミカンを栽培したりする零細農家がほとんどだった。しかし、日本列島の農村の風景はどこも同じように、集落は若者の流出や高齢化によって後継者がおらず、田んぼや畑は今や耕作放棄地と化している。

それと、私の実家周辺の山や畑にも例外なくイノシシが出没し、その被害と対策に大わらわで、悪戦苦闘している。どこの農家もミカン畑や野菜畑の周囲には電流を通した配線を張りめぐらせているが、それでもイノシシは農家の庭先まで迫っている。帰宅すると、家の中には人間の家族ではなく、イノシシの家族がいたということになりかねない、と冗談ではなく本気で思ったりする。

ただ、考えてみれば、昔はイノシシのエサとなったサツマイモなどを作る農家はたくさんいたので、スコッチウイスキーをテーマにした映画「天使の分け前」ではないが、動物たちも農作物のおこぼれに預かる「共存共生」の時代はあったのだ。それが今は、山は荒れ果て、耕作地もどんどん消えてエサになるものがなくなり、揚げ句にイノシシたちが一斉に里山から住宅地まで出没するようになった。けれども、恐らく、イノシシに対する抜本的な解決策はないだろう。

農家は団塊世代

日本の農家の人口は、わずかこの三〇年の間に半分以下の二百万人余りまで減少しているらしい。「瑞穂の国」を預かる農業者は全産業に占める割合がほんの三パーセントしかないというから、農業の実情がどうなっているのか、想像するに難くなかろう。農業従事者の平均年齢は七十歳近くに及ぶということは、今どうにか農業をやっている人たちは、私の両親は希有だとしても、団塊世代以上ということを意味している。安定した現金収入など期待できないので、兼業農家がほとんどということになる。

アメリカでもイギリスでもフランスでも、世界の主要国は基本的には農業国である。一度訪ねたことがあるが、人口約七百万人のスイスは、自給自足できるように、国が農業への助成をきちんとしている。日本の農業は政治によって手厚く守られてきたといわれるが、それは一部の大規模農家のことで、大部分の零細農家はそうではない。現在の日本の食糧自給率の低さをみても明らかだ。

安倍晋三首相は、日ごろから「美しい日本」と讃え、その象徴として農村の田園風景を例えに挙げる。そして、農家の所得を倍増する、農業の未来は明るいなどと主張している。しかしながら、早朝から日暮れまで、その日の天候と向き合いながらこつこつと地道に作業に励んでいる農家にとっては、にわかに夢を持てる話ではない。農業を集約化して規模を拡大するといっても、ずっと昔から中山間地の狭い土地を活用してきた島国日本の農業には自ずから限界がある。田園まさに荒れなんとす、と中国の詩人はうたったが、農村で暮らしたことのある者に言わせれば、日本の農村は今まさに荒れ果てているといったほうがより正鵠を射ているといっていいだろう。

過疎化などによって、私が昔通っていた小学校は数年前、閉校となった。子どもたちが少なくなったことが主な理由だが、寒村といっても当時は戦後間もなく生まれた団塊世代だったから、一クラスだけだったものの五〇数人が在籍していた。四年生の時にはなぜか、二十数人ずつの二クラスになった覚えがある。明治四二年に開校したという小さな学校は、さまざまな歴史を刻みながらピリオドを打たざるを得なかった。これも日本の農漁村の典型的な現在の風景のひとつに違いない。むろん、ほかのことは忘れても、私は小学校の校歌はそらんじている。

当時の同級生で農家を継ぐ者はそれほど多くはなかった。中学を卒業すると、集団就職でふるさとを離れ、愛知県など県外へ出る者も少なくなかった。と言いながら、農家の長男として跡を継がなかった私にも相応の思いはある。たまたま新聞記者という因果な世界に足を踏み入れたが、引き継がれてきた農業は、父の代で終焉することになる。それしか選択肢はなかったという思いと、田舎に残ってやるべきことはあったのではないかとの思いはある。

今さら言い訳めくが、農業を営むには実はそれなりの経験と知識を必要とする。米作りにしても野菜作りにしても、一週間先、一カ月先、半年先の見通しを立てねばならない。

明日は雨かもしれない、台風がやってくるかもしれない。植え付けから育成、収穫するまでには大変な準備がいる。それを怠ってしまえば収穫はおぼつかないことになる。農業は体力はもちろんのこと、同時に頭の隅を使う。そういうふだんの努力と知恵が必要だ。私にはそうした能力がなかったのだろう。

昨秋、そんな日本の農業や農家のありようについて考えさせてくれる「おいしい資本主義」（河出書房新社）という、面白くてためになる本が出た。著者はある全国紙の記者で、東京から長崎県内の諫早支局長に赴任したのを機に、耕作放棄地が広がる近くの棚田を借り、田植えから稲刈りまで、一人で米作りをする話である。自分が一年間食べるだけの主食の米を栽培しようというわけだが、農家の人たちの助言を受けながら、初めて稲作を体験し、八五キロの米を収穫するというびっくり仰天の物語は、その強い意志はさることながら、行動力と深い洞察力がなければ決して書けない内容だ。作家の池澤夏樹さんは、週刊誌に連載中の読書日記で、「読み終わるのが惜しいとまで思わせる本はめったにない」と、著書を評している。ちなみに、著者によれば、二年前の統計だが、長崎県の耕作放棄地の面積は全国ワーストワンらしい。

衛生兵として中国へ

さて、大正・昭和・平成を生き抜いてきた私の父のことにふれたい。

農家の長男で一人息子、上は姉ばかりの家に生まれた。昭和一八年に「現役」として二〇歳で義務だった徴兵検査を受けた。検査合格の通知が届き、やがて福岡に集まれとの招集がかかった。長崎、福岡両県出身者を中心に、その時は一二〇人ほどが集められたようだ。

ここで配属先が決められた。告げられたのは、もちろん見たことも行ったこともない中国の南部、広東省広州に司令部があった陸軍部隊だった。階級は二等兵で、衛生兵を命じられる。除隊する時は兵長までになっていたようだが、衛生兵は、戦場で傷病兵の手当や衛生管理に従事する兵士、と辞書にはある。入隊したのは一八年二月一一日。忘れることもできない紀元節、今の建国記念の日であった。

昭和一八年といえば、父が入隊したころ、日米激戦の地であった南太平洋のガダルカナル島が陥落し、四月には連合艦隊司令長官の山本五十六が戦死している。加えて一〇月には、神宮外苑で出陣学徒の壮行会が行われ、戦局はすでに風雲急を告げていたころだった。

衛生兵となった私の父は、福岡から船で香港を経由して戦地に赴く。部隊司令部で半年間、衛生兵としての基礎的な教育を受けたあと、広東省を経て海南島、ベトナム近くの南寧などに転戦する。余談ながら、昭和二三年に生まれた私の名前は、部隊長だった陸軍少将の名前から取った、と父からずっと後年聞いたことがある。

兵隊はみんなそうだったのだろうが、従軍中は手榴弾を常時携行させられていた。相手への攻撃はむろんのことだが、何かあればいつでも自決するためである。昭和二〇年八月一五日、ようやく戦争は終わりを告げた。父の属する部隊はベトナム近くにいた。中国軍の捕虜となってそこから延々と歩き通し、広州に着いたのは同年九月ごろだった。中国側の日本兵捕虜に対する扱いは実に丁重だったという。

武装を解かれて捕虜となったものの、収容所に詰め込まれるわけではなかった。厳しい監視は付いているが、食事も不自由することなく、野球をして遊ぶことも自由にできるほど緩やかだった。同じ中国大陸でも東北部の山西省では、敗戦後三年半余も悲惨な戦いを余儀なくされた部隊もあった（池谷薫著「蟻の兵隊」に詳しい）。

ところで、もう一つ父が戦地で驚いたことは、他の部隊にいたはずの一つ上の同郷の知人が広州で捕虜になっていたことだった。お互いに命を拾ってのうれしい再会だった。知人は今も郷里で健在である。

戦争が終結し、輸送船で広州から台湾、九州の鹿児島沖を経て東京湾に入り、横浜に上陸したのは翌二一年四月のことだった。輸送船には数千人の復員兵がすしづめになっていたが、船内で赤痢患者が発生し、祖国の土を踏む前に一カ月間、港外の船内で足止めされた。

　しかし、祖国を目の前にして我慢できずに泳いで一刻も早く上陸したい、と船から飛び込む者が相次いだ。夢にまで見たであろう祖国の海に何人もが沈んだ、という。父はそれから横浜で一通りの検査を受けたあと、いくばくかの汽車賃を与えられ、列車を乗り継ぎ、広州で一緒になった知人らとともに故郷をめざした。佐世保駅までたどり着き、水船で崎戸島を経由して帰郷、生還を果たした。


　徴兵されて三年余。父は幸いにも五体健全の身で復員することができた。運がよかったとしかいいようはない。しかし、父の母親（私の祖母）は、持病もあったようだが、末っ子の一人息子を、見も知らぬ遠い戦地に奪われたショックが重なって、父の出征した同じ十八年の一一月、六五歳で他界している。母親から出征の見送りを受けた時、どうしようもなく辛かったことを今も忘れることはできない。母親の死は、むろん遠く離れた戦地で知ることとなる。

　復員した父はその後、母と結婚して一緒に米や麦、サツマイモ、野菜などを作り、数頭の牛や豚を飼い、四人の子どもたちを養った。牛や豚にエサをやるのは、学校へ行く前と学校から帰ってからの、私たち子どもの役目だった。私は父に農耕牛の扱い方を習い、水田を耕したり、サツマイモを掘ったりした。

しかし、農業や牛、豚の飼育だけでは生活できないから、父はしょっちゅう日雇いに行き、県外に出稼ぎした。私も中学、高校の夏休みや冬休みに土木工事などの日雇いに出ていた。昭和四〇年代半ばのころだが、父は山陽新幹線延伸工事で山口県内のトンネル掘削工事現場で働き、関東・東海方面で原発関連の仕事もしたことがあったようだ。

そうした家庭の事情もあって、私は田舎の高校を卒業後、長崎市内のボウリング場で働きながら大学進学をめざしたが、うまくいかなかった。仕方がないので、新聞広告を見て、大阪・枚方市で新聞配達をし、京阪電車で京都の予備校と大学に通った。朝刊と夕刊を配達すれば、入学金や授業料をその新聞社が払ってくれるという制度があって、同様の事情にあった若者たちが九州や四国などから関西にもたくさん来ていた。

日本はちょうど高度成長の真っただ中にあった。とりわけ東京や大阪をはじめ、大都市近郊では新興住宅地や工業団地が次々とでき、それに伴い、新聞の発行部数も急速に伸びた時代だった。それをうまく利用したのが、奨学生制度という形の新聞配達員の確保策であったろう。

けれども、おかげで新聞社の招待で夏の全国高校野球の名勝負で知られる三沢高校と松山商業高校との試合を甲子園のスタンドで観戦することができた。都会の電車に初めて乗る田舎出身の者には、こうした新聞配達の仲間たちはどこか心強い味方だった。

大阪万博のあった昭和四五年の一一月二五日、楯の会の会員とともに陸上自衛隊東部方面総監部に乗り込み、割腹自殺した作家、三島由紀夫の生首の写真が載った夕刊をその日配達したこともある。学生運動の嵐のなかで、独りであること、未熟であること、と記して自ら命を絶った高野悦子の手記『二十歳の原点』が出るのは、それからまもなくのことである。

父と一緒に広州へ

大学卒業後、地元の長崎新聞社に入った私は、後年、中国・広東省の省都、広州市を取材する機会があった。以前から帰省する度に、父から「広州」の地名を折々に聞かされていたし、「白雲会」という戦友会の名前は広州市内にある白雲山という山にちなんで付けられていることも、聞いて知っていた。

そんなことから、父が米寿を迎える年、ささやかなプレゼントにでもとの思いから、誘って父子二人で広州市を訪れた。二泊三日の短い旅だったが、別名「白雲空港」と呼ばれる広州空港に到着し、六〇数年ぶりに再訪した地に降り立った時、父はひとしきり、感

慨にとらわれているように見えた
　華南最大の都市である広州といえば、辛亥革命を主導し、今も「国父」と尊敬される孫文とゆかりの深いところだ。孫文は広東省香山県に生まれているが、孫文の偉業を讃えて中山県となり、その後中山市に改称している。孫文の号は中山であり、孫文がかつて何度か訪ねている長崎市は先年、中山市との間で市民友好都市提携を結んでいる。

　珠江デルタにある広州市に、中山記念堂がある。中国革命の父、孫文を記念して八五年前に建てられている。孫文の銅像が建ち、記念堂には孫文の書になる「天下為公（世界はみんなのためにある）」の額がかかっている。記念堂に入ると、「革命尚未成功（革命はなおいまだ成功せず）」という孫文の有名な最後の言葉が掲げてある。

　短い旅の途中、父と二人でその中山記念堂を見学し、アヘン戦争でイギリスに敗れたため、欧米列強の租界地となった沙面を歩き、「食は広州にあり」の広東料理をレストランで食べた。食べたといっても、言葉はほとんどわからないので、注文も遠慮しながらというわけであったが。

　私もその時、二五年ぶりの広州再訪であったが、改革開放が特に進んだ華南地方の経済発展のスピードはまさに驚異的だった。珠江沿いのレストランに入り、二人で見ていると、通りは人と高級車であふれていた。

遠い昔、日本列島の西端の「陸の孤島」から、兵隊としてこの辺りまで送り込まれた父にとっては、見るもの、聞こえるものすべてが言葉にならないものであったに違いない。その広州を訪問して数年後には、中国の国内総生産（ＧＤＰ）は、日本を抜き、アメリカに次いで世界第二位となった。

父を連れて広州に行った前後だったか、戦争中のことを息子として聞いておきたいと思い、尋ねたことがあったが、細かいことは決して話さず、黙り込んだ。青春の日々に銃を持たされ、敵軍と交戦し、多くの戦友を失っている身にとっては、今さら嫌なことは思い出してもどうにもならないということだったろう。

長崎市在住の芥川賞作家、青来有一さんは、長崎原爆をテーマにした多くの小説を著しているが、被爆者であった父親のことを二年前、文芸誌に書いている。その中に、「どげんもならん」という、父親の印象的な言葉が出てくる。

被爆当時の悲惨なことを今さらいろいろと話したとて、もうどうしようもないではないかという意味であろう。戦後七〇年を過ぎた。被爆者の多くはすでに亡くなっている。戦地から辛うじて生還できた者も、そのほとんどは鬼籍に入っている。生きているとはいえ、今さら何を語り、何を話せというのか。どげんもならんではないか。

そんな思いの戦争体験者や被爆者が圧倒的に多いのではなかろうか。それを、私たちの世代が責めることはできようか。残された私たちにできることがあるとすれば、その一つは、ただ、想像力によって、ささやかなことでも記していくことではないだろうか。

母の苦労

私の父の連れ合いである母についても、ふれなければならない。この稿を書くにあたって、雑談しながらそれとなく昔のことを聞いたが、「難儀ばかりだった。恥ずかしかけん、あんまり書かんでよ」と、念を押された。

母は、私の実家と近い距離にある農家の次女として生を享けている。娘時代は病院の看護師見習いをしていた。父親（私の祖父）は炭焼きもしていたが、頑健なうえ、優しかったことを、覚えている。

母は戦後、復員して帰郷した父と結婚した。私の実家は以前、相当広い土地を所有していたらしいが、家は徐々に傾き、母が嫁いだころは山林や田畑はかなり人手に渡っていた。母の苦労の始まりでもあった。

父と一緒に山あいの棚田で米を作り、麦やサツマイモを育て、山を開墾して農協が薦めるミカンの栽培も始めた。日雇いにも行った。父が出稼ぎの間は、一人で子どもの世話やミカン畑の作業や野菜作りをした。

大変だったな、と私が記憶しているのは、冒頭に記した崎戸炭鉱への商いだった。

上野英信さんの著書によると、東シナ海の小島にある崎戸炭鉱は古くから「一に高島、二に端島、三で崎戸の鬼ケ島」とうたわれ、圧政をもって鳴りひびく海底炭鉱といわれていたという。高島と端島は長崎港外にあって、端島は浮かぶ姿が戦艦「土佐」に似ているところから「軍艦島」として知られ、昨年の世界遺産となり、今は全国から端島に観光客が押し寄せている。

崎戸炭鉱はしかし、対岸に位置する西彼杵半島の農家にとっては当時、黒ダイヤの島であり、炭住街の各アパートには、三種の神器といわれたテレビ、冷蔵庫、洗濯機の電化製品が備わっていて、羨望の対象だった。

半島内の中学校同士の体育大会があったが、崎戸中学や池島中学など、ヤマに住む中学生たちは栄養がいいせいか、みんな背が高く、色白で、おまけにハイカラ（長髪のことをそう言った）で、軟式庭球をしていた私は、試合前から勝てる気がしなかったものだ。

その崎戸炭鉱に、母と一緒に、メゴというかごにスイカやウリ、ナス、カボチャなどの野菜類を入れ、炭鉱の市場まで商いに行った。朝暗いうちに家を出て、それぞれメゴを担いで一時間ほど歩いて港まで行き、そこから櫓漕ぎ船で沖合にいる野菜船に運んでもらう。

そして、崎戸島の裏側にある港まで野菜船で行き、そこから阿房（あぼん）坂という急な坂道をメゴを担いで小一時間ほど上り、市場にたどり着く。ある時、坂の頂上で一休みしていてスイカをメゴから落として割ってしまい、泣きべそをかいたことがあった。中学生のころだ。

商いは夏場だけだったように思うが、母はたまには私の妹たちを連れて商いに通った。私の実家周辺の農家はもちろん、半島から多くの農家の人たちが野菜を担いで船に乗り、炭鉱に行った。市場に農作物を並べて炭住街の主婦たちに買ってもらうのだが、売れ残れば、炭住街のアパートまで残りを担いで行き、何とか売りさばく。

商いに行く楽しみは、帰りに母に商店街でかき氷を食べさせてもらうことと、阿房の下の港で待つ野菜船に、おばさんが売りにくるパンを買ってもらうことだった。どんなパンで、いくらしたかも忘れてしまったが。そのパンを帰りの船の中でゆっくり味わいながら食べると、きつかった一日の疲れも吹き飛ぶような気がしたものだ。

明治の末に石炭採掘が始まった崎戸炭鉱は、日本列島の他のヤマと同様にエネルギー革命という名の「スクラップ・アンド・ビルド」政策によって、昭和四三年に閉山した。その前後から多くのヤマの男たちは、家族を抱えて全国のヤマに散っていった。

崎戸島に住みながら閉山直後に民宿「椿の宿」を始めた福岡照一さん、チヲさん夫婦はその以前から、集団就職や閉山で島を離れた人たちを励まし、崎戸のことを忘れないでほしい、とガリ版刷りの「ふるさと新聞」を発行した。

私は、そのことを記事にした新聞を学生時代に配って読んでいたので、スクラップしていた。「ふるさと新聞」は、昭和三八年から五七年まで発行され、毎号八〇部ほどを島外の人たちに送り続けた。福岡さん夫婦はすでに亡くなっているが、民宿は現在、お孫さんが継いでいる。

井上光晴文学室

最盛期には二万五千人いた島の人口は、炭鉱閉山によって激減した。一方で、周囲の海をはじめとする自然や炭鉱遺構、古い家並みなどが数多く残っている。それらをモチーフにして、「スケッチの町づくり」をしよう、と宣言したのは一五年前だった。

当時の町教育長、佐古寶松さんの発想だった。私も少しお手伝いさせてもらったが、かつての炭鉱跡で、島内外から集まった子どもたちのスケッチする姿は、実にいい風景だった。

作家の井上光晴さんは、少年時代の一時期をここで過ごし、その後多くの作品を著し、文学伝習所を各地に開いていった。民宿「椿の宿」にもよく泊まり、文人でもあった福岡照一さんとも親交があった。そうした縁もあって、崎戸町は炭鉱記念公園内に井上さんの文学碑を建立した。同時に、崎戸歴史民俗資料館内に「井上光晴文学室」を設立し、井上さんの著作や原稿資料などを展示している。

加えて、現在は終了しているが、小・中学生を対象にした「井上光晴ポエム賞」をつくり、優秀作を載せた詩集を発行したり、井上さんと親しかった作家の瀬戸内寂聴さん、昨秋死去した作家の佐木隆三さん、娘でやはり作家の井上荒野さんらを招いての講演会などを開催した。

それで思い出すのは、佐木さんはその時の講演で、「ぜひ軍艦島（端島）のことを書きたい」と話していた。どんな作品になるか楽しみにしていたのだったが。

美しい島々や入り江を見下ろす炭鉱記念公園にある井上光晴文学碑には、こう刻まれている。

〈のろしはあがらず　のろしはいまだあがらず〉

折しもことし二月から、長崎新聞など共同通信加盟紙に、東京大学名誉教授で政治学者の姜尚中さんの連載コラム「思索への旅　1868～」が始まっている。その第一回は、長崎の端島を訪ねての旅だが、連載のスタートに炭鉱を取り上げたのは、むろん故なしとしない。

太平洋戦争が始まる昭和一六年には、出炭量四一万トンの驚異的業績をあげ、朝鮮半島や中国から連れてこられた労働者を含めて五千人を超える人口がこの小さな島にあふれていた、と書き、次のように結んでいる。

「（端島は）日本という国家が追い求めた殖産興業と富国強兵、豊かさと繁栄、発展と成長の夢と苛酷な現実が凝縮された場所なのだ」

それは、長崎県内の炭鉱で言えば、高島も池島も崎戸も同じであったと思う。日本のヤマは既に消えてしまったが、それぞれが日本の縮図ではあったのだ。細々と農業に従事してきた私の両親らも、生活のために炭鉱に「寄生」しながら生きてきた、とも言える。

五島の海の詩人

ここで、長崎県の五島列島の小さな島で、詩をつづっている七九歳になる海端俊子さんを紹介したい。兵庫県明石市生まれの海端さんは、養女として五島列島の離れ島に引き取られ、驚くほどの苦労を重ねながら、今もあるがままの生活の詩を書き続けている。

海端さんのことを知ったのは、東京支社在任中に一緒だった岐阜新聞記者の永井豪さん（現在、中京テレビ記者）だった。「五島にこんな詩人がいますよ」ということだった。

自らの不明を恥じる一方で、その永井さんとの付き合いから、私は長崎新聞で担当する「長崎ひと百景」の企画で、海端さんを今年一月、取材させてもらった。その記事に載せた海端さんの詩を掲げる。
詩集の表題になっている「海は私の絵本」という海端さんの作品を、読んでいただきたい。

おだやかなとき
さざ波のとき
大波のとき
しぶきを巻きあげるとき

さまざまな様子をして
わたしの心にひゞく
山も　家も　外燈も
里の光や　虹や　夕やけも

さまざまに映して
わたしの心にひゞく

たゞ黙って聞いてくれる
答えはないけれど
さまざまな思いをおこさせてくれる
答えは　自分で考えさせる
海は生きた　私の絵本

ひとりじゃない――ささやかな教育素案――

西田清志

ミタクエオヤシン　「わたしとつながるすべてのものに」

ネイティブアメリカン　ラコタ族

孤立…

雑踏の中で一人を感じる。僕には心を割って話ができる友だちがいない。家に帰って寂しさがつのる…。

そんな若者たちに歌が語りかけます、「一人じゃない」って。ちょっと心を開けば…、小さな勇気を持って動き出せば…、仲間ができる…。人と人とが繋がれることを歌詞は訴えかけてきます。

核家族、ゲーム世代、母親に守られた体外子宮の中で育ってきた若者は良い子を演じ、失敗をしないよう危ない道を避け、人生の先読みをすることによって冒険をすることができません。合理的に生きようとすると、新しい人間関係の繋がりは希薄になりやすくなってしまいます。

社会に出て自分では一生懸命生きているつもりでも、幼少時に人間関係の幅を与えられてない若者は対人関係に悩まされ、息苦しくなってしまう可能性があります。

そんな僕に「一人じゃない」と、いくつもの歌が優しく呼びかけてきます…。

それでも登校拒否、ひきこもり等になっていく若者たちはあとを絶ちません。


年間四万件を越える相談件数がある児童虐待。最近までいじめや学校生活になじめない等の理由で小・中学校に通わない不登校児が一二万人。年間三万人と交通事故死よりも多い自殺者数。自殺対策基本法の施行により全体の件数は減少しましたが、若者の件数は増加傾向にあります。一日に七人が自ら命を絶っていっている現状になります。これは若者が将来に対して希望が持てないあらわれでもあります。

そして今まで反抗期の中高生で暴発するとみられていた学校内の暴力行為が、小学校で表面化してきています。大声をあげて暴れまわる生徒を先生が止めようとすると、その矛先が先生に向かい、殴る蹴るの暴行に及ぶ。故意に学校設備や備品を壊す傾向もあります。文科省の問題行動調査では年間一万件を突破、その数は増加傾向にあります。

問題行動の背景には感情のコントロールがうまくできない子どもたちの増加、家庭環境・受験・貧困などさまざまなストレスの要因が指摘されていますが、その中でもインターネット上のソーシャル・ネットワーキング・サービス（ＳＮＳ）で情報収集を過度に利用することもストレス要因になっているといいます。

コンピューターによって便利になりましたが、メールやラインのやり取りで、返事が来ないだけでもむかつき、相手の本心や感情を誤解してしまう子どもたちも多い。

リセットが出来る、何でも自分の思い通りになるコンピューターゲームがそうであるように、自分の意思にそぐわないモノはストレスの増加につながってしまいます。


これらの問題行動は学校だけで解決されるモノでもなく、家庭での教育機能の低下も指摘されています。社会問題になると専門家が出てきて、もっともらしいことを言いますが、立派なことができないからこそ、問題が表面化しつつあるのです。

なぜそんなにも生きづらい世の中になってしまったのでしょうか？

子どもたちがひ弱になってしまったのか…。

世の中が悪いのか…

便利になるということ…

飛行機が出来た。新幹線が開通した。リニアモーターカーが出来る…。早くなると便利になると誰もが思った「これで生活にゆとりが出来る」。ところが東京から博多まで五時間、打ち合わせが二時間、その日のうちに帰れという会社命令。結果約一二〇〇㎞先の博多まで日帰り出張。ただただ忙しくなるばかりでした。

ナビが出来た。便利だ！　間違いなく目的地に着く。迷い道があらたな発見の素地を隠し持っていたのに…。迷い道がない。用件だけを済ませる。

コンピューターが出来、携帯電話が普及し、そのお陰で手紙が縁遠くなってしまった。その昔、手紙を書いたらすぐ返事をよこせなどと思っていなかったのに、今ではメールやラインで返信がないと不誠実ということになってしまう。なんなのだろう？

ネイティブアメリカンの小話にこんなのがあります。

白人が友人の酋長の所に新車を乗り付けて「どうだ、凄いだろう！　乗れよ」。酋長は恐る恐る乗り込み、車は急発進して走りだした。白人は嬉しくてスピードをあげる。「あぁ、ちょっと待ってくれ」「どうした怖くなったか？」「いや、早すぎて心を置き忘れてきてしまった」

毎日の新聞・TV・インターネットでの情報、街のポスターや電車内の中吊り広告、それに家族・友だち・地域・学校・職場での情報。しかもTVや週刊誌の情報は視聴率や購買層を伸ばすため、どんどん過激になっていきます…。

昔なら身近で出会いのある人間関係の情報や問題を処理すればよかった。それが自分の生きている社会であり、世界でした。その見える関係の人間関係に包まれていた頃、人間の処理能力は当たり前に機能していました。

ところが情報過剰になると、胃腸でも食べ過ぎるとお腹を壊すように、実は脳も情報処理しきれない状態が続いているのではないでしょうか…。

それがハイテク機器の発明で一気に加速し、世界の裏側の情報までが日々刻々となだれこんできます。良いニュースもありますが、紛争や飢餓・テロ、多くの死者や傷ついた人々の血が流される情報は後を絶ちません。命からがら紛争地から国境を越え逃れていく大勢の難民たち。そして国内では政治家や実業家の社会的裏切り行為、殺傷や詐欺・交通事故…が日々怒濤のように流れ込んできます。

大人でも処理しきれない現代の情報の渦の中で、子どもたちは自分たちの生き方を模索しなければなりません。大人たちは現代の若者たちが人生の安全牌を選んでいるといいますが、それはさらされている現実から選び取っている結果なのではないでしょうか？

高度情報化社会で生きるためには、生きる土台がしっかりしていないと難しい。今までの教育では処理できないさまざまな事態が子どもたちに出ているとしたら、子どものセンサーが働いたと思い、シフト変換することが必要になってきます。

「教育の曲がり角」。そう考えてくると、教育とは「人生とは何か？」「私は何のために生まれてきたのか？」を考え、答えを導き出すための総合学習である必要があるのではないでしょうか？　一二〇年前、実験学校を営んだアメリカの哲学者デューイは「教育とは、子どもたちが社会を作り直していく力を身に着けさせること」と本質的なことを語っています。

私のバックグラウンド

何故こんなことを書こうとしたか、私の背景を少し述べておきます。私の姉は身体が自由に動かせない身障者でした。町を歩けば「ビッコ、カタワ」と囁く声が耳に響き、姉と一緒にいるのが疎ましく、かといって姉弟の縁が切れるわけでもなく、悩める少年期を送っておりました。「なぜ自分だけがこんな不幸に遭わなければならないのか?」。当事者の苦労を飛び越え、人生の意味を知ろうと文学・哲学・宗教・科学書などを読み漁りましたが、答えが見つからず悶々とした日々を過ごしておりました。世の中とのつながりを持てず孤独に陥ってしまったのです。いったん陥ると、見えるモノも見えなくなってしまい、人間不信がおこり、学校がつまらなく一人悩みさまよい、闇の数年間を経て、ようやく「生物は遺伝子のコピーミスによって、生存に有利な個体も不利な個体も出現してくる」という進化を紐解いた本に出会い、綿々とつながった生命のあり方を感得することができるようになりました。

時折、新聞などで何十万人に一人の難病などいう記事を見かけますが、その方がいるお蔭で、他の人々が健常でいられる。私が健常なのも姉のお蔭なのだと分かってくると、彼女の存在が愛おしく、さまざまな無言の教示を姉から受け取ることができるようになりました。

暗中模索と言いますが、暗闇では何も見えず、手探り状態で答えを見出そうとしていましたが、ひとたび光が射し込んでくると、あらゆるものがつながっていることに気がつかされました。

姉の歩行はノロい。今まではそのノロマな動きがたまらなく嫌だったのが、姉の存在そのものを受け入れることができたとたん、ゆっくり歩を進めている姉の足元の野の花や蟻が一生懸命仕事をしているのをほほえましく感じることができるようになりました。人が姉を足早に追い抜いていくことに苛立ちもせず、じっと待つということができるようにもなりました。止まって見つめることが出来るようになりますと、定点観測で人を眺めるのも面白くなってきます。頭の回転の速い人もいれば、遅い人もいる。欲張りな人もいれば、気前のいい人もいる。もうそれは日本昔ばなしのキャラクターを見ているような気になってまいります。

姉は身体には不自由をしておりましたが、心は健やかに育つことができました。「みなさんのお蔭で彼女がいる」、私の中で世の中にささやかな恩返しをしていきたいという気持ちが自然に湧いてきたように思います。

ＴＶ制作の仕事を生業としていた私はドキュメンタリーや報道番組で、弱者や原発による地域破壊、地球環境問題などを取り上げていくことを指向しておりました。今では当たり前の環境問題ですが、残念ながら三〇年前には時期尚早で取り上げられることはほとんどありませんでした。

尊敬する先輩から「ジャーナリストは正義を重んじ、公正さを持って、心で取材していけ」と教えられました。新聞の社会面にあたるデイリーニュースでは事件が無い時は暇で、ひとたび事件が起こると火事場のように忙しくなります。これは仕事上当たり前のようですが、その起こった事件のほとんどが大勢の人が死亡したとか、誘拐事件が起こったとか不幸なことが多い。本来なら事件が次の予防に役立つような形に展開していくのが理想ですが、情報番組などはそっとしておいて欲しい被害者の家族に取材したり、人の心に土足で踏み込んでいくようなことが起きてくる。他局との視聴率合戦という表には見えない力に動かされ、無感動になり、人の痛みに寄り添うことなく、自らも徐々にエスカレートしていってしまうあり方に嫌気がさしてきます。そうした時、先輩が言っていた「〝心〟とは実は〝魂〟なのではないか?」。自分は日々の仕事に追われ、心を置き忘れてきてしまったのではないか、と思うようになっていきました。

その後TVで出来ないことを現場でやろうと環境イベント「アースデイ」、ニューヨーク貿易センタービルの9・11事件をきっかけに平和イベント「BE―IN」に関わってきました。起こった出来事の深層に宗教間の対立だけでは説明できないアメリカの中東政策に対する複合的な不満、パレスチナ問題、石油支配、価値観の差、争いの中で翻弄される人々そして貧困があり、底辺にあるこれら格差の広がるグローバル経済下での構造的暴力システムを見直していく必要があると思ったからです。

時代は高度経済成長からの曲がり角に来ていました。イベントのつながりからシュタイナー学園を中心とした新しいコミュニティーを作ろうという動きがあり、仕事現場を都会から田舎に移しサポートをしてきました。ＴＶという電波を通して人々とつながる立場から、人と人が生で触れ合うイベントへ、そして地域の人々と直接的に関わりながら新しい町づくりをしていく。第二の人生としてはやりがいのある仕事のように思えましたが、３・11東日本大震災、津波による福島第一原発からの大量な放射能物質の漏えいにより学園の半数以上の家族が西に避難、学園の運営が難しくなってしまいました。

一方、地域の人々と接する中で、都会での、話し合えば通じるという感覚がまったく通用しないことを痛感しました。「郷に入れば郷に従え」の如く、地元に心身共に身を投じることから始まっていくという当たり前のことを学んでいき、ハス農家に転身しました。

自然に囲まれ田舎暮らしをしている日々の中で二つのことに気付いていきます。一つは受験勉強一辺倒で学んできた自分が受けて来た教育と、一人ひとりの個性とその成長の過程を大切にするシュタイナー教育との違い。もう一つは地球という生態系の中で野の雑草も昆虫も動物たちも、自分と同じ大気の中に棲み同じ空気を吸っているという実感です。

常識…新たなる教育へ

その昔、若者を交えた討論番組で「なぜ人を殺してはいけないのか?」という質問に、大人たちが誰一人まっとうに答えられませんでした。そして自分が姉のことで悩んだ時、学校で教わった事柄から何一つ答えを見つける糸口は見つかりませんでした。このことが私にとって教育とはナニか?を考えさせるきっかけになっています。

私が学んだ教育は中央集権的に、子どもたちを良き形にはめ込んで教育していかねばならないというもの。要は子どもたちを管理、子どもたち自らが考えるという思考方法を求めるより、学んだことを覚えさせるという知識偏重になりやすいものでした。

それに対しシュタイナー教育の社会的意味は「一人ひとりの人間がどんなにかけがえのない、貴重な存在であるかを、教育を通して実感できるようにすることにある」と言います。現場の教師は学園に入学した子どもたちを「たくさんの謎が集まってきた。その一人ひとりの謎を解いていくことが教師の醍醐味であり楽しみでもある」というのです。

私は、子どもたちに内在するそれぞれの個性を引き出していく、この教育のあり方に惹かれました。私が出会った現場では、クラスで能力も学力も各自様々な中にあって、教師の眼差しは一人ひとりの子どもに注がれていました。そして子どもたちに学ぶ姿勢を強制するのではなく、学ぶ対象物に対し命を与え、ゆっくりと子どもたちの想像力を膨らませていく。そうした意味で芸術行為を通して教えていくシュタイナー教育は、頭だけでなく心身と精神の調和を保つよう子どもたちに働きかけていき、一二年間の全人教育が「私は何のための生まれて来たのか？」を見つけ出す手助けになるのだといいます。

公立小学校と同じ学年の子どもたちの絵を比較して見たことがあります。もちろん一概には言えませんが、公立学校の児童たちの絵はだいたい似たような表現をしているのに対し、シュタイナー学園の子どもたちの絵は対象物のとらえ方が自由で感じたままを描いている感じがしました。私はそこに言葉では言い表せない、絵と自分との命の対話が育っているのではないかと感じたのです。

今まさに増え続ける不登校・ひきこもりの子らの現状打開に向けて、フリースクールなどで学ぶ子らを義務教育制度として位置付けようという動きが、超党派の議員たちによって始まりましたが、慎重論が多く、残念ながら見送られてしまいました。しかし一方で、学校以外で学ぶ子等の支援をしていこうという動きはまだ消えてはいません。小さい頃に教わる教育が後々の人生の土台になる現状を踏まえ、教育の多様化がやっと日の目を見る形へと小さな一歩を踏み出そうと息づいています。私が出会ったシュタイナー教育はオールタナティブな教育の糸口になると感じています。

もう一つの糸口はデューイの実験校。彼は「学校とは暗記と試験に明け暮れるのではなく、子どもたちが自発的な社会生活をいとなむ〝小社会〟でなければならない」と説き、一人では生きていくことのできない人間が社会を成り立たせていくには、一人の人間と他の人との対立を解消し、対立を越えて社会を成り立たせていく「公共性」という考え方を打ち出しました。子どもたちが共通の目標に向かって、みんなで協同して取り組んでいけること、そして誰もがそのことに主体的に参加できること。「民主主義における生活者を育てること」が学校の役割であるとしていったのです。

一つは自由になるための教育であり、もう一つは人と人が生活の中で協同して生きていく教育。二つは相反するものではなく、人々が生きた民衆史など、民が主体となって生きようとしてきたさまざまな歴史を知る事で、子どもたちが自由に生きる術を見出し、その上で他の存在を認識し尊重する中から、民主的な社会が生まれていく。これらの視点を活かし、〝自由な個でありながら〟〝つながりを知り〟〝互いの痛みを分かち合う〟公共教育を提案できないだろうか？と思ったわけです。それは宮沢賢治が農民を通して後世の人々に託した「世界がぜんたい幸福にならないうちは、個人の幸福はあり得ない」という精神の未来遺産を「一人ひとりが自分の花を咲かせ、他と共に咲き誇っていく喜びの歌の合唱」の中から培われていくように思うのです。

「人生とは何なのだろう？」「自分が生きている意味は？」こうしたベーシックなことが理解できていないと、根無し草のようになってしまいます。草木が花を咲かせ実をならせるのは、根がしっかりと大地に生えているからにほかなりません。もし子どもたちが根を生やせる授業を受けられたら、彼らは「自分のことも、自分が生きている地球という生態系のことも、そしてほかの生命のことも、他人のことも…」その関係性のつながりを知り、その上で何をどうしていったらいいかを考えることができるのではないでしょうか？

そのためには今ある「自分」が綿々とした生命の軌跡のつながりの中から産まれ、昔の人の智慧の恩恵によって生きていることを知る…。

一つの壮大な人類史とひとつの自分史の交点に自分が立っていることを知る中から、自分が生きている有り難さを感得し、自分の考え方を持ち、自分で考え、行動できる人に育っていくのではないでしょうか？

それは公共という概念を改めて教えるのではなく、学びの通奏低音として人々が互いに助け合いながら生きてきた歴史、植物や動物の共生、畑作りや家作りの実践や合奏・演劇などの協同作業の学びによって「社会」とは一人ひとりの力の結晶として成り立っていくのだという認識が、学校生活の中で身についていくのではないでしょうか？

また親子という関係の愛だけでなく、一人ひとりの学びの速度に合わせ見守ってくれる教師がいることで有機的な信頼と愛を身につけ、子どもたちの多様な発想がその学びの過程から芽吹いてくると、大人に成長した時、子ども時代ののびのびとした学びの感性が野の雑草と同じく多様に立ち現われ、それぞれの花を咲かせてくれるのではないでしょうか…。これは有機・無農薬農業と同じように見守っていくと、子どもの命が本来持っていた自律的な生命力を一人ひとりが発揮しはじめていくのと似ています。

大都会から片田舎に移り住み、大自然の中に身を置くとホッとした安心感に包まれます。それは人類の祖先がアフリカの森に棲んでいた記憶なのか？　草木の緑が発する色調が目に優しく安心感をもたらしてくれるのかわかりませんが、アスファルトジャングルの喧騒とは違い虫の声、鳥たちのさえずりに身をひたすと穏やかな本来の生物としての人間のリズムを取り戻してくれるようです。

農家の人々がしているように太陽と共に起き、太陽と共に寝る生活をしはじめますと、身体が深呼吸をするように気持ちよく、鳥たちの朝の挨拶も喜びに満ちたものと感じるようになります。

農家の仕事は大変ですが、小さな種から芽生えてくる作物の赤ちゃんほど可愛く愛おしいものはありません。ところがすぐに虫がつきます。生産農家だとこの虫の害は敵以外の何物でもありませんが、私のように定年農家は少しの作物しか作れませんので、なんとか有機農法とか無農薬とかを試行錯誤しながら続けております。

すると都会に住んでいる時には当たり前に買っていた形のいい野菜が、実は規格を揃えるために作られていることを知るわけです。実際に野菜を育ててみると曲がったり、形がいびつだったり、小さかったりとスーパーに並んでいるのとは雲泥の差なんですが、子どもの頃食べた野菜本来の味がするんですね。

そして作物作りは教育と同じく、周りの世話はしますが、大地と太陽と雨の恵みによって作物自身が成長していくのを見守っていくということに気がつきます。私が作物を作っているんじゃない、手助けをしているだけなんだと…。なるべく有機無農薬を心掛けますと、野菜が本来の生命の力を発揮しはじめるんです。

とくにハスは他の野菜と違って泥田の中にありますから、作物を直接見ることができない、手探りでハスを掘り出していくわけです。ということは、カエルの声を聞きながら目は草木の成長や鳥たちの動向、餌を捕るトンボ、風にそよぐ枝葉、雲の流れ、トンビとカラスの喧嘩などを観察しながら農作業ができるんです。そうすると生きた生態系の中に自分も一緒にいる感覚が身についてきます。もちろんその中で壮絶な生命の闘いがありますが、それでも歩留まりがあり食べつくすわけではありません。食物連鎖の中でも、昔から生物の共存が綿々と行われてきたことが実感できます。地球という子宮に全ての生物が身を託して生きているんだと。自然から学び、知恵を生かせば人間だってこの共生ができるのではないでしょうか…。

為政者が坂を転げ落ちるように右傾化の道をたどっていきます。安倍首相は「戦後レジームからの脱却」と言いますが、戦後の前に戦前があり、明治維新と新政府が打ち出した「富国強兵策」と列強と同様の植民地帝国建設への方向性がありました。

文科省検定教科書にのっている太平洋戦争の死亡者は軍人と民間人を合わせ三一〇万人、アジア諸国では約一五〇〇万人以上の方々が亡くなっています。この国内外におびただしい犠牲者を出してしまった戦争の痛みを真摯に受け止め、永遠に戦争を放棄した世界に誇れる平和憲法を最大限に活かし、本来なら欧米とは違う我が国の価値観で平和外交を推し進めることが可能なはずです。が、悲しいことにマスコミも立憲主義を通り越した首相の言説に踊らされ、国民もマスメディアの論調に多大な影響を受けていくように感じております。

せめて私のできることは、民主主義の再建・社会改革の手段として学校教育を重視していた哲学者デューイやシュタイナー教育等の学びから、私なりに混迷の現代に必要だと思われる「生命のつながり、根を生やす生きる力を育む方法など」を私なりに書き記してみたわけです。

シュタイナー教育では…

私の接したシュタイナー教育では、一学年ごとの学びは遅いようにみえますが、義務教育同等の学びを一二年間一貫教育の中でトータルに伝えていきます。

教科書もない、テストもない、通信簿もない。先生は何をするか?というと、生徒たちに教えるのではなく、考えさせ、一人ひとりの中に眠っている智慧を引きだすための問題の出し方、問いかけのあり方を毎日考えています。

授業のあり方も独特で、記憶の必要な九九などはダンスのように身体を動かしリズム感と共に身体に入っていく方法をとっています。

また他の科目をお休みにして一科目だけ三週間ぶっ続けて行うエポック授業では、子どもの集中力が養われ、学びの物語が一項目ずつ出来上がっていきます。

今までの授業と違い時間がかかります。当然学年ごとの学びの過程が違ってきます。そのためには子どもたちの精神的成長に合わせたカリキュラムを組み、不思議を知る面白さ、学ぶことが好奇心を満足させてくれる楽しさを伝えていきます。

学齢期から思春期まで八年間、一人の担任がそれぞれの生徒たちを深く見守る教育方針をとっています。また脳を知的に活動させるだけでなく、その学びの過程で美術的・音楽的要素を入れ込むことによって、創造的な行為による全人教育を目指しています。又、実技を多用し、フィールドに出て身体を動かす事によって、子どもが本来持っている生命力を引き出していきます。

シュタイナー教育を受けた卒業生の感想に「物語の形式で聞いた歴史や神話など、今も鮮明に記憶していて、大学で関連のテーマが出てもごく普通に理解している自分がいる。一方で後に受験のためにテキストで覚えこんだ知識は、試験が終わったら全て忘れてしまった」（ＮＰＯ藤野シュタイナー高等学園卒業生）というのがあります。

日常生活の中で

いろんな身近な事も学びの対象になります。食育としてコンビニの鮭弁当を素材に食材がどの産地から来ているか考えてみます。

「このお弁当、いろんなおかずがついているね。国内産と外国産に分けてみよう？」生徒たちが黒板に仕分けしていきます。さて実際は…。

国内産……米、卵、大根、サツマイモ、こんにゃく
外国産……鮭、えび、鶏肉、レタス、にんじん、小松菜、れんこん、しいたけ、インゲン、ごま、きゅうり、里芋、白インゲン豆、油揚げ
子どもたちの感想を聞き、「じゃあ国内の食べ物の自給率はどのくらいだろう?」
「五〇%」「三〇%」「七〇%」
「答えは(カロリーベース)四〇%。G7先進国の食料自給率はカナダ一四五%、アメリカ一二八%、フランス一二二%、ドイツ八四%、イギリス七〇%、イタリア六二%、日本四〇%(二〇〇三年、農水省試算)と最下位です。これはどういうことを意味しているんだろう? そう、食料を輸入に頼っているわけだね」
これから以下の内容も質問形式で、生徒たちに考えてもらうやり方で授業は進みます。

一九六一年には七八%あった食料自給率が四〇%と低くなってしまったのには訳があるのですね。日本は山間部が多く、平野が少ないという農業に不利な条件を抱えています。そこで政府は近代化をはかり農業国から工業国になろうと、方針を切り替えモノを作って輸出する貿易立国に変身していったのです。
そのため五〇年前まで農業に従事していた人は一四五〇万人ほどいましたが、現在では

二〇〇万人を切った状態になっています。そしてその農業従事者の半数以上が六五歳以上という高齢になっており、若い後継者が少ないのが現状です。漁業人口も同じような傾向を示しています。ここにはいろいろな問題が含まれますが、厳しい労働条件に対して賃金が上がらないという問題が後継者不足を助長している結果になっています。

一方、かつてフランスのドゴール大統領は「食料自給率が一〇〇%でない国は独立国家ではない」と言い、国内自給率を高めていきました。またアメリカのブッシュ大統領は「国民を食べさせるに足る食糧を生産できないような国を想像できようか。そんな国は国際的な圧力に従属する国になる」と国内の農業者に向けて語りました。

二人の大統領が語った内容はいかに農業・漁業・畜産業が大切かということを示しています。しかし、この食料自給率の問題はもちろん一筋縄では解決しません。ただし現実を知り、抱えている問題に対し考える力を小さい頃から身に着けていくことが大切だと思います。

さてお弁当の話に戻ります。「おかずは一体どの国から輸入されてきたのでしょう?」

生徒たちとの同様のやり取りがあって、輸入される食材が輸送される距離は、

鮭（デンマーク・フェロー諸島）……………移動距離　二二〇〇〇km
鶏（ブラジル）移動距離　……………………二三七〇〇km
インゲン（アフリカ、オマーン）…………移動距離　七八〇〇km
レタス（カリフォルニア州サリナス）……空輸（飛行機が出すCO_2は船の三七倍）
お弁当すべての食材の移動距離は、なんと地球四周分。
広島大学附属中・高等学校「これからの消費行動を育成する授業の構築」（２００９版）からの引用

ここで食料輸送に伴う環境負荷の数値「フード・マイレージ」を学んでいきます。計算方法は食料の輸送量に輸送距離を掛け合わせてｔ・km（トン・キロメートル）という単位で表していきます。食料を輸入に依存することが多い日本のフード・マイレージは約九千億ｔ・km、一人当たり約七一〇〇ｔ・km（２００１年）と世界で最も高い数値になっています。これは韓国・アメリカの約三倍、イギリス・ドイツの約五倍、フランスの約九倍に当たります。この考え方から輸入に伴うCO_2排出量なども算出できます。

日本の食卓は世界中とつながっています。スーパーで買い物をする時にそれぞれの食材の生産国の表示を見ます。夕ごはん、テーブルに載った料理から世界を見つめていき、フード・マイレージの大きな数値が意味するところを考え学んでいくと、莫大なエネルギーをかけて地球の裏側から食材を運んでくるということと、その時排出されるCO_2が環境負荷をかけてしまうという事実に直面します。どうしてそんなに日本のフード・マイレージが高いのかというと、食料自給率が低いからだと分かってきます。

もし生徒たちが自分なりに節電やゴミの分別など環境に良いことをしていても、毎日の食事で環境負荷をかけているとすると、その積み重ねの方が大きくなってしまうことに気付いてきます。どうすればいいのだろうか？　生徒たちは考えます…。そう簡単に答えは出ません。しかし一方で田植えを経験したり、野菜を育てることを授業でやったりしていると、点と点がつながりあって「そうだ！　自分たちで作った野菜を食べればいいのだ」と気付いてきます。

そこで、先生はおもむろに地元で採れる食材をその地域で消費していく「地産地消」という言葉を教えていきます。これも自分たちで考えさせ、彼らが発見することで物語になっていきます。そして身体で覚えた物語は決して忘れることがありません。

観察すること。普段と変わらない植物の成長でもちょっとした変化に気付いたり、植物が持っている葉の規則的連動性の中から、太陽にあたるため葉っぱは九〇度ずつ替わりばんこについているし、枝が横に伸びたら今度は大地と並行して葉を広げていくことがわかったりします。「そうか、植物は光合成をするため、太陽エネルギーを吸う位置をちゃんと分かっているんだ」

日常生活の中でも、フード・マイレージだけでなく、作物を育てている人、運搬する人、加工する人など、食材一つひとつにもそれぞれの旅があり、いろんな人のお世話になっています。人が生きるためには他の生物の命をいただかなければなりません。食卓に並んだごはんを前に〝おかげさま〟の気持ちで〝いただきます〟という感謝する気持ちが生徒達に湧いてきます。

当たり前に思っていることにそっと疑問を投げかける質問をすることで、人間に潜在意識があるように、モノの表面だけでは見えない世界に支えられてモノがあることを知ると、どんどんと世界が広がってきます。常識と言われる中に本物があるのではなく、常識が出来るまでに試行錯誤の歴史があり、その常識も時代ごとに変わっていること、自分がぶつかったその常識に疑問を持つことが違ったモノの見方を育ててくれます。

好奇心の目が育ってくると、子ども自らが発見の旅に出ていくでしょう。

これからの時代

ワイマール憲法という当時世界で最も民主的な憲法下でナチスは生まれていきました。その背景には、列強が第一次大戦の過大な責任のつけをドイツに押しつけ、その負担の中から反発が起こり、民族主義が台頭しヒットラーが生まれてくる土壌を醸成していった歴史があります。

歴史をある一面からのみ見つめると、非常に危うい脆さを孕んでいます。歴史を振り返る時、小さな声、他国からの声にも耳を傾け、その反省の上に未来を築いていかねば、同じ過ちを繰り返すことになります。痛みを自分のモノとして受け入れる勇気が求められます。

今ある民主主義も実は完全ではありません。だからこそ自覚を持って自らの意志で「民主（国家の主権が人民にあること）」を選びとり、一人ひとりが社会に参加しつつ、見守り育てていかねばならないのではないでしょうか。

長い時代を経てやがて民主が生まれ、人々が自由・平等を得はじめ、二つの世界大戦を経て…各地で民族国家が醸成されていきました。しかし9・11以降、再び混迷の時代に迷いこんだような各地での紛争…。

グローバル経済下、一国だけの平和を守るのではなく、他国との共存、世界平和を求めていかねばなりません。昔の強者の論理は国境を境に成り立っていましたが、今はイスラム国のように国境を越え、テロという形で暴力が暴発していきます。武器で他を攻撃すれば生活基盤を失った難民が生まれ、各国へ流失していき、世界が不安定になり、その不安定さからまた小さな火種が起こってきます。負の連鎖は留まることを知りません…。

世界に目をやると、飽食日本ではあまり知られていませんが、食料不足で悩む人々は世界中に八億五〇〇〇万人もいます。その多くの人々がアジア・アフリカに住んでいて、政治不安や未整備のインフラなどの影響で、援助物資がうまく受け取れない状態にあります。

また世界の急激な人口増に対し、食料の安定供給をどう確保していくかという差し迫った問題もあります。六五年前の一九五〇年、世界人口は二五億人でした。現在では七二億人を越え、二〇五〇年には九〇億人に達すると国連が推計しています。各国でもこの食料安全保障に対する施策を講じていますが、それは一国だけの問題ではなく、世界中の人々の食料がどうなっていくかを考えなければいけない大きな問題でもあります。

特に食料の多くを海外に依存する日本にとっては最重要な問題であります。それは一方で世界の食料供給源を知っている日本だからこそ、戦争の出来る国に改憲するのではなく、西洋の考え方では導き出せない日本の独自性を活かし、平和憲法を最大限活かし、積極的な平和貢献ができる役割を有しているのではないでしょうか?

さまざまな紛争を未然に防ぐためにも、これからは各国で話し合い、人々の心の闇を見つめ、寄り添い手を携えて、つながりを模索するためにも、新たな教育法で育った子どもたちが地球全体の人類の歴史を共有し、その学びの深い土壌に根を下ろして互いの痛みを知り、その上に立ってお互いが理解出来ないことを理解した上で実利ある解決策を導き出していって欲しいと思います。特に貿易立国としての日本にとって「世界平和」が必須条件になってくるはずです。G7先進国唯一の東洋の国として、共存の智慧〝共生・TOMOIKI〟の文化的発信が大いなるヒントになる可能性があります。

力で力を制する時代はもう終わりにしなければなりません!

今こそ世界が成熟することを求めています。

ラグビー日本代表エディー・ジョーンズ監督は、日本人が持っている潜在的な強み「素直さと勤勉さ」を厳しい練習を課す事で活かしていきました。

若者たちの潜在下にも眠っている日本人資質の良さが、自分自身でモノゴトを考える教育のあり方によって目覚め、活かしていくこともできるかもしれません。

先生は一人ひとりの特性を見抜き、その個性を活かすための処方箋によって「僕だってやればできる」という夢を引き出していきます。そして日常の生活の中で立体的に物事を把握し、「どんなふうに自分とつながっているか」を想像できるよう習慣化させていきます。

家庭でも旬の食べ物を食卓に並べ、四季折々の伝統行事を祝い、祖父母との会食やお墓参りを子どもたちと一緒にするなど、家族でしかできないつながりの絆を意識していく心構えも大事になってくるでしょう。

人は神を信じるように科学を信じました。その科学が希望を実現してくれもしましたが、一方で負の遺産も遺しました。そして、人々にとってなによりも大きな損失は、見えるものしか信じることができなくなってしまったことにあるのではないでしょうか。

ものごとはね、心で見なくてはよく見えない。
いちばんたいせつなことは、目に見えない。

サン・テグジュペリ　『星の王子さま』

作家の山尾三省は、「太古の昔よりもっと昔の昔の頃から、人間に深い喜びを与えてくれるものに対して、人はそれをカミと呼んできたのではないかと思うんです。ですからカミの起源は、美しいもの、喜びを与えてくれるもの、安心を与えてくれるもの、慰めを与えてくれるもの、畏敬の念を起こさせるもの、そういうものは何でもカミであり、現代においてもそれはいささかも変わらないと思うんです。」と述べています。

そしてこの新たなる教育法は、現実にある底辺にまで想像力を働かせることができる可能性を持っています。それはつながりある学びを通して、多くの無意識の根が生えたことと同じ効果が期待されます。心を許した友だちがいなくても、動物やモノともつながり、現実にはいない古人ともつながっている感覚が活きてくると、殻を破るように新たなる世界が広がり、僕は〝ひとりじゃない！　多くの人や他の生命によって活かされているんだ。〟という実感と共に今まで気がつかなかった友だちが出来るようになってくる事でしょう。

同じ気持ちを持った若者たちがつながり始め「デモはカッコイイと思わせる」ＳＥＡＬＤｓ（自由と民主主義のための学生緊急行動）は「民主主義は道具。私たちはその使い方に習熟しなければなりません。使わなければ、そのスキルもさびてしまいます」と立憲主義に基づかない政治に対して反対の姿勢を打ち出し、全国の若者たちの心に連鎖の渦を巻き起こしています。

※「笑顔が神聖なものであり、みんなと分け合うべきものである事を、いかなる時も忘れてはならない」

ネイティブアメリカン　チュロキー族

（参考文献）
「アニミズムという希望」山尾三省
「意識の進化とＤＮＡ」柳澤桂子
「学校と社会」ジョン・デューイ
「シュタイナー教育を語る」高橋巖
「日本という国」小熊英二
「民主主義のつくり方」宇野重規

歴史から学び互いに思いやる未来を

木谷洋史

私は三八年間、新聞社で記者として働き、その後六年間、消費者団体に籍を置いた。新聞社では主に社会の出来事や暮らしに関わる分野、いわゆる軟派を担当。消費者団体では暮らしの安全、安心が脅かされている現実なども目の当たりにした。いずれにおいても、さまざまな出来事から社会のあるべき姿を考えることが多かった。

一九四八年（昭和二三年）、北海道苫小牧市の隣町で六人きょうだいの末っ子として生まれ、七〇年（同四五年）に大学を卒業して故郷北海道の新聞社に入社した。

大学に進学させてくれた父は長年小学校の教員を務め、進学の条件は大学では教職、つまり先生になる資格を取ることだった。その約束から卒業後は教職に就くことも視野に入れていた。歴史学（西洋史）を専攻したので教科は中学校・高校の社会科だった。だが、卒業前年の北海道では生徒数の減少などから教職員の採用数は限られ、社会科の教員採用枠はゼロで教職への道は閉ざされた。歴史だけでなく世の中の動きにも関心があったので

「それでは新聞記者はどうかな」と思い、採用試験を受けたところ幸運にも合格した。

駆け出し時代と囚人道路

初任地は網走に近い北見市。昭和の初期の最盛期には世界シェアの約七割を占めたハッカのまちとして知られた。赴任した当時、ハッカの生産は減少していたが、地域の中核都市であることに変わりはなかった。駆け出しの記者として三年間、事件・事故とスポーツ、学校回りをメーンとする教育・文化の担当となり、北見市内と近郊の町を駆け回った。その中で強く印象に残っているのは、郷土史に関連する取材だ。

北見から北東に約四〇キロ離れている網走には、故高倉健さん主演の映画「網走番外地シリーズ」で知られた網走刑務所がある。一八九〇年（明治二三年）に釧路集治監網走囚徒外役所としてつくられ、受刑者の中には当時の中央政府に反発する自由民権運動の政治犯が少なくなかった。政府は南下政策を進めるロシアに脅威を感じオホーツク海に面するこの地方の防備を固めるため、札幌から旭川を経由して北見、網走に至る北海道横断の「中央道路」建設を計画し、翌九一年、受刑者たちに強制労働を課した。政府高官による「彼らは暴戻《ぼうれい》の悪徒だから、こき使って死んでも監獄費の支出減になる」という内容の視察報告書がこの強制労働につながったのである。

受刑者たちは早朝から夜まで二人ずつ鎖でつながれたまま作業させられ、網走から大雪山北側にある北見峠の麓までの一六三キロがわずか八カ月で完成した。仮監と呼ばれた宿舎では十分な栄養も休養も与えられず水腫病にかかる受刑者が続発したうえ、逃走を図るとその場で殺害され、死者の数は二三〇人を超えた。「囚人労働史上最も残酷な事例」といわれている。

この中央道路は「囚人道路」と呼ばれ、戦後、沿線数カ所に犠牲者を供養する石碑が建立された。この凄惨な郷土史を熱心に掘り起こし「鎖塚」のタイトルで一冊の本にまとめたのが、地元の高校で教師をしていた民衆史研究家の小池喜孝さんだ。小池さんから教えていただき、私もそのルートを何度かたどって仮監跡などを見て回り、一ヵ所で四六体もの遺骨を発掘した役場職員に会うなどして新聞地方版に「囚人道路―忘れられる開拓―」のタイトルで一〇回連載した。

小池さんの研究対象はとても広く、この凄惨な中央道路開削のほか、明治末に起きた栃木県の足尾鉱毒事件で渡良瀬川流域を追われ北見に隣接する佐呂間町に移住した人々の苦難の歩みや、鉄道のトンネル工事に従事させられたタコ部屋労働の実態などもまとめ出版した。中央道路を取材し、小池先生の幅広い著作を読み、全国的に見て北のはずれのこの地域で権力者の横暴による人権抑圧などが続発したことに、驚きと憤りが交錯した。

小池さんは「赤毛のアン」出版にもかかわっている。戦後の一時期、東京の出版社に勤めていた時のエピソードだ。二〇一四年（平成二六年）、NHK連続テレビ小説「花子とアン」が放送されたので、村岡花子さんが翻訳したモンゴメリの小説「赤毛のアン」が出版されたことをご存知の方は多いはずだ。タイトルで難航したものの最終的には「赤毛のアン」に落ち着き、そのタイトルを提案したのが小池さんだった。多くの業績を残したその小池さんは残念なことに二〇〇三年（平成一五年）に埼玉県で亡くなられた。

戦争が生んだ残留孤児

新聞社に入って十年後に東京に転勤、五年間でスポーツと文化、厚生省（当時）、裁判所などを順に担当した。

厚生省担当の二年間で最も強く印象に残っているのは一九八一年（昭和五六年）に始まった中国残留日本人孤児の肉親捜し来日調査だ。戦前・戦中に満州（現在の中国東北部）の開拓に送り込まれた日本人の家族が、終戦直前に参戦したソ連軍から逃れ日本へ引き揚げる大混乱の中で離れ離れになった。なんとか日本に帰った親たちも中国に残された子どもたちも、しばらくすれば再会できると思っていたようだが、日中の国交がなかなか回復せず再会はままならなかった。やっと国交が正常化したのは終戦から二七年も経った一九七二年（昭和四七年）。八〇年に親たちの訪中が実現して肉親捜しの気運が高まり、日中両政府の協議により八一年に政府レベルの肉親調査が実現したのである。

来日調査は毎年二回行われた。各回四〇人から六〇人が北京から空路来日し約二週間の滞在中に東京代々木の国立オリンピック記念青少年総合センターで肉親と名乗りを上げた人たちと対面。厚生省の担当者が満州に住んでいた時の家族状況、思い出、住んでいた家、町の様子、離れ離れになった時の状況などを聴き取り、多くの点で双方の話が一致すると「肉親判明」とされた。血を分けた親子、きょうだいはやはりよく似ており、対面調査室に入る孤児と父親と名乗る人を見て、くりくりした両目と髪の毛の薄さがあまりにもそっくりで、記者仲間では「あの二人は間違いないね」とささやき合い、その通りとなるケースもあった。

一九八三年（昭和五八年）の来日調査では、李さんという女性と母親の名乗りを上げた札幌在住の女性が対面し、李さんが四女であることが判明した。李さんの三歳のときに負った左目の下の傷跡や家族構成の記憶などが決め手となった。私は対面の数日前、李さんの姉に当たる二女の写真を見ていたので、同僚記者と「間違いなく家族だね」と話していたが、その通りとなった。離れ離れになった当時、李さんは六歳だった。三八年ぶりの再会に李さんは母親にすがりつき、二人はしっかりと抱き合った。母親は「幼い娘に苦労をかけてすまないと思っている。中国の養父母にはなんと言ってお礼をしたらいいのか」と泣き崩れた。

母親らの話によると、父親は終戦の一カ月前に応召しシベリアに抑留されていたので、終戦の日、母親が娘五人を連れて避難を始めた。途中、食べ物が手に入らないうえソ連軍に狙われることを恐れ、幼い四女の李さんと五女だけは助けたいと考え、ゆとりのありそうな中国人に二人を預けた。逃避行はその後も続いたが、ある時、母親が食べ物を探し回っている間に長女、二女、三女みんないなくなり、やがて戻ってきたのは二女だけだった。その後、馬賊の襲撃に遭いながらも港町にたどり着き翌年七月、復員船で鹿児島港に戻った。父親はこの年の三月に抑留先で亡くなった。

親子と判明したこの日、二人は千葉県に住む親類宅に泊まった。翌朝、ひと晩一緒に過ごした感想を聞こうと、私はカメラマン、中国語の通訳と一緒に親類宅を訪れた。通訳を同行したのは言葉の壁があったかもしれないと思ったからだ。通訳を介して会話が活発になった途端、李さんは「長姉は結婚して近くに住み面倒を見てくれたが、結婚に破れ自殺した」と打ち明けた。母親はただただ涙。日本への引き揚げの混乱と家族離散に加え、こうした人生の悲劇…。帰りの車の中で原稿を書きながら胸がつまる思いだった。

一九八四年（昭和五九年）の調査では、北海道からお兄さんが名乗りを上げた王さんという女性が、中国伝統の京劇の主演女優を務めていたと知り、到着したばかりの成田空港で王さんから主役を務めた舞台写真を借り、翌日の朝刊に掲載したこともあった。

ほかにも北海道から名乗りを上げる肉親が相次ぎ、あまりの多さにどんな背景があるのか事情に詳しい人に尋ねたところ、次のようなことが分かった。満州が建国されてから日本政府は約三〇万人もの開拓団を送り込んだ。だが、寒冷の地であるため開拓が進まず北海道、東北、信州などからの入植に力が入れられた。終戦後、本州以南の出身地に戻ったものの肉親から農地を分けてもらえず、入植者を受け入れていた北海道に渡った人も少なくなかったという。

調査の日程が終了し、翌朝には全員が中国へ戻るという前夜に、成田空港のホテルに父親だと名乗り出た男性が駆けつけ、ぎりぎりの対面を果たしたこともあった。その男性は戦後、抑留先のシベリアから日本に引き揚げ結婚したが、かつて満州に家族がいて、抑留中に妻が死に娘の消息は分からなくなったことなどについて話していなかった。来日した孤児の一人の写真を見、家族構成や住んでいたまちなどを知り「私の娘のようだ」と思っていたが、家族に打ち明けられず日々が過ぎた。しかし、その女性が肉親だと名乗り出る人もないまま中国に帰ると知り、いても立ってもいられなくなって息子に打ち明けたところ、「父さん、そんな大事なこと、どうして黙っていたの」と言われかけつけたという。

家族の理解に支えられて急きょ行動を起こしたことに、私は親の心情を感じホッとした気持ちになった。

調査期間中、戦争に翻弄された人々が目の前で悲劇を乗り越え親子・肉親の絆を取り戻す光景に感銘を受けた。同時に計り知れない災厄をもたらす戦争に思いを巡らせることが多かった。戦争はいつの世も多数の人々の命を奪い、国や地域を荒廃させ、そこに住む人々の人生を大きく狂わせ悲劇も生む。さらにその後の国家間の対立の遠因にもなる。一度狂った歴史の歯車は修復までに長い時間がかかる。日中の国交回復に二七年もかかり再会がこれほど遅れたのは、日中の政治体制の違いや外交政策が直接の要因だろうが、その背景には戦争も大きな影を落としていたのではないだろうか。

李さん、王さんはじめ北海道に住む肉親が判明した孤児の方々の多くはその後、肉親を頼って家族と共に帰国した。三年前の新聞で、札幌に暮らす王さんが毎年秋に、中国からの帰国者が歌や踊りで交流する舞台に夫と共に出演していることを知りとても懐かしく思った。帰国者の中には言葉や習慣などに苦労して引きこもりがちな人もいるが、こうした活動はうれしく感じられる。

広島にて

厚生省を担当していた一九八二年（昭和五七年）七月、被爆者の取材で広島を訪れ、被爆者団体に紹介された七七歳の女性に会った。女性は爆心地から二キロ以上離れた住宅の裏手にいて難を逃れたが、高等女学校二年生だった一人娘が朝早くから爆心地近くで疎開者の手伝いに勤労動員されていて、原爆の犠牲になった。女性は毎日のように地獄絵のような市内を歩き回って捜したが「何も見つからなかった。生きていればもう五一歳。孫がいても不思議はないのに」と、涙をこらえながら話してくれた。新聞は実名が原則なので聞き終わって「お名前、よろしいですか」と尋ねたら、だめですと断られた。仏壇のお参りもさせてもらえなかった。悲しみに暮れ無念の思いで四〇年近く過ごしてきた人に無理は言えない。間もなく辞去し、数日後の紙面では木村さんという仮名で掲載した。

それから二年後の夏、私は妻と小学三年生の長女と三人で広島を訪れた。夏休みの家族旅行で広島を選んだのは、娘に原爆投下について知っておいてほしいと思ったからだ。数多くの遺品や残骸、写真などが並ぶ平和記念資料館を見た後、娘が普段と打って変わって寡黙になった。何か感じるものがあったと思い、あえて感想は聞かなかった。

その後、三人で木村さん（仮名）宅を訪ねた。二年前切ない思いで取材に応じていただいたお礼を言いたかったからである。一瞬驚いた様子だったが「わざわざお越しいただいて」と言ってそろって部屋に通された。資料館を見学したことなどを話した後、二年前にはできなかった娘さんの仏壇のお参りもさせていただいた。取材ではなく家族ぐるみで訪問したことに木村さんもうれしかったようで納得した表情だった。その後のおつき合いは、私が翌年東京から札幌に転勤し、木村さんが亡くなるまで続いた。おつき合いといっても時候の挨拶と北海道特産のジャガイモなど季節の贈りもの程度だ。新聞記者としての意識は全くなく、ひとりの人間として行なったもので、続けて良かったと思っている。

五年間の東京勤務から札幌―苫小牧―札幌―室蘭―函館の順で転勤した。最初の札幌は生活部。当時、新聞各社では生活面の充実が新たなテーマになっていて、健康、医療、福祉、公的年金などの取材に明け暮れしたほか、人生の大きな節目となる定年退職、老後の医療そして冠婚葬祭の連載を同僚記者と担当した。冠婚葬祭の私の主な担当は葬儀だった。「えっ、葬儀ですか」と言ったら、デスクは「これが人生の順番だろう」。定年退職―老後の医療―葬儀。確かにそうともいえると納得した。

定年退職では、仕事を離れた寂しさを感じながら地域のために活動する人たちにも会った。葬儀の取材では、菊をメーンとして一面に生花を飾る祭壇は札幌が発祥の地だと知った。老舗の葬儀社から独立を図ったベテラン社員が、その当時の定番である白木の祭壇セットを本州から購入しようとしたが、なぜか納入してもらえなかったので苦肉の策として白菊で祭壇を飾ったところ、斬新なアイディアが注目され、どんどん広がっていったという。

二回目の札幌は生活部と論説委員室。論説はいちばん縁のないところと思っていただけに、世の中の不合理、不正を糺し、あるべき姿などをどうやって訴えるのか不安なスタートだった。「訴える内容の基本は『きちんとやれ、きちんと』だぞ」のアドバイスもあり、懸命な日々が続いた。徐々に使命感が募っていくその一方で肩の力も抜けていった。

有珠山噴火

三年半の論説の後は室蘭に。室蘭市の約二〇キロ北西、洞爺湖南にそびえる火山が有珠山（標高七三三メートル）。三月上旬に赴任した直後、同僚に「有珠山は大丈夫かな？」と聞いたところ「あの山の噴火の周期は三〇年以上。前回の噴火からまだ二三年しか経っていないので大丈夫でしょう」という。確かに明治以降の噴火は、洞爺湖畔に温泉を初めて湧出させた一九一〇年（明治四三年）、昭和新山を誕生させた一九四三年（昭和一八年）、そして頂上噴火の七七年（同五二年）。私の任期中に噴火はないだろうと安心していたところ、なんと三週間後の二七日から火山性地震が多発し三一日に西山山麓で大噴火が起きた。

有珠山は地震が活発化してから一〜数日の間に噴火した例が多く、気象庁火山噴火予知連絡会は二七日「噴火の可能性あり」と発表。これを受けて周辺三市町は住民に避難勧告を出し、洞爺湖温泉街を含む約一万五千人が避難を開始した。もちろんホテルの宿泊客、病院の入院患者もである。

噴火はすさまじいものだった。まず西山山麓で噴火し、翌四月一日にはそのすぐ北側の金比羅山山腹でも起きた。噴火湾と洞爺湖を結ぶ国道では直径三メートルの噴石が落下しただけでなく火口も出現、さらに断層により階段状になるなどずたずたの状態。もちろん通行不能。火口から約六〇〇メートルの幼稚園にも直径一・三メートルの噴石が落ちた。温泉街では金比羅山火口から噴出した熱泥流が流れ、アパートや民家、図書館、小学校が泥を被った。噴石を受けた住宅も少なくなかった。

これほど大規模な噴火だったが、迅速な避難の結果、死者は一人も出なかった。北海道大学有珠火山観測所の岡田広教授は以前から周辺市町でよく講演し地震が始まる九日前にも「次の噴火をどう迎えるか」と題して講演会を開いていた。長年にわたる研究と住民への周知が見事な成果をあげたのである。地域には「噴火の経験はこれで三回目」という人も多く、防災意識は高かったようだ。

取材の前線基地は、有珠山南に広がる伊達市にある支局。札幌本社はじめ室蘭その他数カ所から記者、カメラマンが集まり、噴火直後には総勢四〇人を超えた。私は室蘭の部長という立場にあり、前線基地の記者たちに食事を送るため室蘭のスーパーなどで弁当を買い込み、契約しているタクシー会社に依頼して搬送してもらうことに連日奔走した。いわゆる兵站担当である。もちろん室蘭と有珠山周辺の市町村をエリアにしている地方版の紙面づくりにもスタッフ全員で全力投球した。全員が避難した温泉街の航空写真を大きく掲載し避難所にも配布。自分の家や商店がどうなっているのか分からず気を揉んでいる避難者の中には「無事が確認できて良かった」と喜ぶ人も多かった。

地域の暮らしは多大な影響を長期間受けた。有珠山の麓を走るJR北海道の幹線室蘭線の運休、間引き運転だけでなく、高速道路や国道も通行止めとなり移動が大きく制限された。休業する金融機関、郵便局、コンビニ、休診する医療機関も相次いだ。いつ列車やバスが運行し、どこの窓口が開き、いつ診察を受けることができるのか、暮らしの情報が求められていることから、臨時のバス・列車ダイヤ、窓口開設や病院の診療日時などを地方版に「有珠山せいかつ情報」のタイトルで掲載した。情報の中には、不安やストレスなどに悩む避難生活者の心のケアを引き受ける団体の連絡先もあった。このせいかつ情報は避難が始まった噴火前にスタート、八月まで続いた。

感銘を受けたのは、やはり長年にわたる有珠山研究の成果を学会だけのものとせず地域の防災・減災対策に結びつけていたことだ。有珠山周辺の住民は昔から「火山との共生」を宿命づけられている。それを深く理解していたからこそ普段から周辺の住民にこの山の特徴である噴火の予兆、火山性地震などを語っていたのであろう。日本は火山大国なので、このような活動は全国的に行われてほしいとつくづく思った。

有珠山噴火の翌年九月、函館に異動となった。室蘭からの赴任は噴火湾沿いに車を走らせた。途中、駒ヶ岳（標高一一三一メートル）の近くを走った時は思わず「頼むから噴火しないでくれ」と願った。駒ヶ岳は川の流れをせき止め、景勝地大沼公園を形成したほどの大爆発を起こした活火山だが、一年半の勤務期間中は静かだった。現在に至るまで噴火は起きていない。

その後、札幌に戻ったが、函館での出来事がきっかけで、なんと新聞小説に実名が出た。その小説は内田康夫さんの「化生《けしょう》の海」。北前船をモチーフにしたミステリーでテレビドラマにもなった。この小説の中で名探偵浅見光彦が函館支社の地下倉庫で古い地方版を読んで謎を解く手がかかり得る場面がある。私が函館にいた時、秘書を通して地方版の保存状況や報道部の様子、支社のある五稜郭界隈の状況を問い合わせてこられたので、写真と説明資料をお送りした。数日後、「名前を使わせてもらっていいか」と聞いてこられたので、紙面に載ってもせいぜい一、二回だと思って了承した。札幌へ異動した後「化生の海」の連載が始まり、四〇回以上も名前が出た。内田先生はファンクラブ会員の名前を作品に使っていると、後で出版社の担当者から聞いた。私は会員ではなかったが、内田先生の心遣いに敬服した。妻のところに知り合いから「小説でご主人は『小太り』と書かれていたけど、太ったの?」と電話があり、私は昔から細身なのでそれを聞いて苦笑いした。ともあれ極めてユニークで貴重な経験となった。

許せぬ悪質商法、特殊詐欺

函館から再度、札幌―東京―札幌と異動し紙面審査委員室長を最後に、二〇〇八年(平成二〇年)四月、新聞社を定年退職した。引き続き翌五月から北海道消費者協会に移り六年間籍を置いた。この間、頻発する悪質商法、特殊詐欺などに常に憤りを感じていた。

消費者に被害をもたらしトラブルになる悪質商法にはSF商法(催眠商法)、点検商法、次々販売、過量販売、マルチ商法、送りつけ商法（ネガティブ・オプション）、褒め上げ商法、利殖商法、押し買い、サクラサイト商法などがある。

このうち点検商法は「布団のダニの点検に来た」「無料で家の耐震診断をしてあげる」などと言って家に上がり込み、「これでは危ない」などと不安を煽り、商品を売りつけたり工事の契約をさせて料金を払わせながら後はなしのつぶて、などというものだ。ある町では高齢の女性が次々販売のターゲットになり布団や健康食品などを買わされ総額二千万円近くに達したケースもあった。このように悪質業者の魔の手は都市部だけではなく町村部にも広がっている。

最近、特に大きく報道されているのが特殊詐欺だ。特殊詐欺とは、犯人が被害者に直接会わず、主に電話を使って現金を騙し取る犯罪の総称で、息子や孫を装うオレオレ詐欺、ありもしない取引契約を口実とする架空請求、医療費などが戻ると騙しＡＴＭから逆に払い込ませる還付金詐欺などの振り込め詐欺のほか、嘘の儲け話を持ちかける金融商品詐欺やギャンブル必勝情報詐欺などもある。

平成二七年の特殊詐欺の被害は全国でなんと四七六億八〇〇〇万円（暫定値）だった。前年に比べ八八億七〇〇〇万円減ったとはいえ、とても尋常な数字ではない。認知件数は逆に三％増えて一万三八二八件で、八割近くを六五歳以上の高齢者が占めた。しかも手口別では高齢者の被害が多いオレオレ詐欺、還付金詐欺、金融商品詐欺の三つで全体の七割を超えた。

金融商品詐欺では劇場型勧誘と呼ばれる手口がある。例えば、電話で「未公開株を持っていたら高値で買い取ります」と高齢者を誘い、「持っていない」と答えたら、数日後、別の業者を名乗る男が電話で「値上がり確実な未公開株を買いませんか」と持ちかけてくる。電話を受けた高齢者は数日前の話で「高値で買い取ってもらえる」と思い込んでいるから「それでは買いましょう」と受け入れ代金を支払った途端、相手方との連絡が取れなくなる、というのが典型的なケースだ。犯人側が複数で芝居をして騙すので劇場型といわれている。

平成二七年の特殊詐欺被害者の八割近くを高齢者が占めたということは、詐欺グループがターゲットを高齢者に絞っていることの現れだ。全国各地にある消費生活センターへの相談件数を見ても高齢者が狙われていることがわかる。「平成二七年版消費者白書」によると、この五年間で六五歳以上人口は一三％増えたが、六五歳以上の相談件数はその四倍の五二％も増えている。増加率を五歳刻みで見ると、六五―六九歳が四〇％、七〇―七四歳が四七％、七五―七九歳が五五％、八〇―八四歳が六五％、八五歳以上が八六％で、年齢が上がるにつれて上昇しているのである。

被害が増加しているのは心身や判断力に障害のある人たちも同じだ。この五年間で相談件数は四一％も増えている。相手がどんな境遇であろうとカネが手に入ればいいというやり口は血も涙もない仕打ちではないか。

ここで思い出すのは、アメリカの社会哲学者エリック・ホッファーの言葉だ。「権力は腐敗するとしばしばいわれる。弱さもまた腐敗することを知るのが等しく重要であろう」、続けて「弱者が自分以上の弱者を餌食にするとき、なんとむごく薄情なことか」と、著書「魂の錬金術」に書いている。自分を強く見せようとしたり欲求を通そうとする中で乱暴、不寛容、情け容赦のない悪らつな行為に走る。それをホッファーは腐敗と言っているのだ。

騙すほうが悪い、当たり前

こうした事態が続けば社会は荒れ放題、暗い未来しか見えてこない。しかも、気になるのは「騙されるほうが悪い」といって悪質商法や特殊詐欺の犯罪性に目もくれない人がいることだ。「自分は騙されることはないので、騙される人間は何か欠落したものがあり、それが良くないのだ」と考えているのかもしれないが、そういう問題ではない。悪質業者は、一人暮らしの寂しさ、健康や経済的な不安を抱えながら加齢や認知症の進行などで判断力が低下した高齢者に情け容赦なくつけ込み、老後の蓄えなどを巻き上げている。

江戸時代、京都の商家に奉公し商人の職分意識を道徳として説いた石門心学の祖、石田梅岩は「実の商人は先も立つ我も立つことを思うなり」と言っている。相手のためになれば利益は後からついてくるというわけだ。日本のCSR（企業の社会的責任）の原点とされている。金儲けという己の欲望だけで弱みにつけ込むやり口はこの精神を真っ向から否定するものだ。どう考えても「騙されるほうが悪い」のではなく「騙すほうが悪い」。北海道では、当然であることを強調する際に「当たり前の真ん中だ」と表現する人がいるが、その表現を借りれば「騙すほうが悪い」はまさに真ん中の中の真ん中といえよう。

全世代がきちんと理解し助け合い協力し合って撲滅を図らなければ、いつまでも被害が続くことになる。「年寄り、馬鹿にするな。行く道じゃ」という言葉がある。「騙されるほうが悪い」と思っている人も将来、高齢者になり被害に遭うかもしれない。他人事ではなく自分自身の問題として考えるべきだ。

北海道では各種団体から成る「消費者被害防止ネットワーク」が市町村に次々設立されている。私が籍を置いた消費者協会が指定管理者となっている道立消費生活センターが二〇〇三年（平成一五年）、「多くの団体と連携して被害を未然に防ごう」と、北海道、道警本部と共に幹事団体となってネットワークを設立。これをベースに市町村単位のネットワーク設立を呼びかけ、平成二八年六月末現在で五十八市町村に誕生している。参加団体は市町村、地元警察署、消費者団体、社会福祉協議会、地域包括支援センター、町内会連合会、老人クラブ連合会、金融機関、郵便局、商工会議所、商工会、教育委員会、小中学校、地元新聞社など実に多彩だ。消費者庁や国民生活センターの注意喚起情報を各団体の会員に提供するほか、不審な業者が入り込んだ場合、市町村の消費者行政担当者に連絡し、ネットワークメンバーが協力して対応するなどの活動を続けている。金融機関の窓口で振り込み寸前で防止したことも少なくない。このシステムを消費者庁が評価し、他の都府県にも奨励するようになった。きめ細かく広がることを期待している。

特殊詐欺や悪質商法の被害は金銭的損失にとどまらず精神的にもダメージを与えている。今年二月の新聞で、オレオレ詐欺で一五〇〇万円の被害に遭い家族に責められて命を絶った八〇代の女性、夫の同僚を名乗る男に五〇〇〇万円を騙し取られ夫の家族に責められて離婚し自殺未遂を繰り返した三〇代女性のケースが報道された。

また、被害に遭ったことを家族や親族に知られる怖さや騙されたのは自分が悪いからという自責の念から、警察に被害届を出さないケースもある。私も消費者協会に勤めていた時、消費生活センターに相談したり警察に届け出たりするのは二〇％未満だという調査結果を何度か見た。こうしたことから、公表される莫大な被害総額は氷山の一角である可能性がある。詐欺犯や悪質業者を摘発し、効果的な対応策を講ずるにはまず実態を明らかにする必要があるが、併せて、心の痛手を受けた被害者をどう支えるかも放置できない大きな課題になっている。官民挙げて被害者のケアにも取り組みたいものだ。

虐待も深刻

高齢者は虐待も受けている。昨今、大きく報道されているのが高齢者施設における虐待だ。テレビで、ベッドの女性に施設職員が枕をぶつけ、騒ぐ女性に「黙れ、婆ァ」と言って立ち去る映像を見て、思わず息をのんだ。また、ひとりの施設職員が高齢者を窓から転落死させた事件も報道されている。

厚生労働省の調べによると、高齢者虐待は二〇一四年(平成二六年)に全国で一万六〇〇〇件にも及んだ。家族によるものがほとんどで、施設職員に受けたのはそのうち三〇〇件だが、一二年前に比べ二倍に増えているという。この増加ぶりと全体の件数の多さは事態が容易ならざる段階に達していることを物語っている。

どうすれば虐待をなくすことができるだろうか。一九八七年（昭和六二年）に参加した医療と福祉のアメリカ研修旅行で訪れた介護施設が記憶によみがえった。虐待が続いたため行政機関が取った対策は次のようなものだった。

担当者が定期的に施設を訪れ大きな部屋に入所者全員を集め、待遇についての不満や要望を自由に発言してもらう。もちろんその部屋には施設の職員は一人も入れない。職員が一人でもいると、入所者は報復を恐れて実態を話せなくなるからだ。入所者から「職員の言動が酷い」「たたかれたり、縛られたりする」「食事の内容がひどい」などの訴えがあると、施設長に対し改善を指示、それに従わなかった場合は施設の閉鎖もある。このシステムができてから虐待はどんどん減ったという。行政のチェックが効いたのだ。この程度のチェックは当然だろう。

日本では最近、地域の人が気軽に足を運べるカフェやサロン、工芸教室などの交流スペースを設ける高齢者施設が増えてきている。地域の人たちにとって介護と接する場となり、一人暮らしの高齢者にとっては引きこもり防止につながる。それだけではなく、外部の人が第三者の目となり施設内での虐待を防ぐ抑止効果も期待できよう。外に開かれた施設であることのメリットは大きい。

高齢者と同じように深刻なのは幼児や児童の虐待だ。死亡したり大けがをした子どもたちがかわいそうでならない。と同時に子どもたちを痛めつけた実の父親・母親、継父や継母などに激しい怒りを感ずる。

児童虐待は多い順に身体的虐待、心理的虐待、ネグレクト、性的虐待などがあり、ある調査では虐待者で最も多いのが実母五七％、実父二九％で、合わせると実の親が八割を超す。普段から「泣き止まなかったからカッとなって殴った」とか「おまえなんか産まなきゃよかった」と言葉の暴力を加えていたことなどを聞くと、親の資格があるのだろうかと思ってしまう。幼い子はわがままなこともあるだろうが、それを包み込む愛情と将来の希望を併せ持って育てるのが親の義務であるはずだ。幼い子は親以外に頼るべき相手を知らず、救いを求めることができない。その親から死に至るほどの仕打ちを続けられたら絶望感しか感じないだろう。

子供は虐待を受けて育つと将来、自分の子供に同じことをすることがあるとされる。負の連鎖だ。こんなことでは家族の将来も周囲との円満な人間関係も築けまい。親も子供と共に成長しなければならないのだ。

アウシュヴィッツにて

先に触れた中国残留孤児や被爆者の取材だけに限らず、成長する過程で戦争を意識する出来事は少なくなかった。私は一九四八年（昭和二三年）生まれなので、小さい頃には周りの大人から戦争の話を聞かされた。戦後、北海道にも米軍が駐留し、住んでいた田園地帯を移動するのを道端で見たことがある。英語なんて知らなかったので「ギブミー、チョコレート」は言えなかったが、もらった記憶はある。初めて広島の原爆投下を知ったのは小学校に入学した直後に観た新藤兼人監督の映画「原爆の子」だった。怖い場面もあり強烈な印象だった。広島の次に投下された長崎で被爆し重傷を負い妻を失いながら、被爆者の治療に献身した永井隆博士の随筆を元に作られ大ヒットした歌謡曲「長崎の鐘」を歌う大人も当時たくさんいて、私も知らず知らず覚えた。今でもこの曲を聴くと胸がジーンとする。

北海道でも終戦の一カ月前に約八〇市町村で米軍の空襲があり約二千九百人が犠牲になった。成長するにつれ歴史の授業で第二次世界大戦でナチスドイツによるユダヤ人虐殺があったことも知り、二〇世紀はなんと酷い時代なのかと思わずにはいられなかった。

こうしたことから、私は長い間、人類史上最大の犯罪といわれるヒトラー・ナチスドイツのユダヤ人大虐殺の地ポーランドのアウシュヴィッツを訪れたいと思っていた。二〇世紀に生まれ育った人間のひとりとして犠牲者を追悼するためだ。

それが実現したのは消費者協会を退職した翌年の二〇一五年（平成二七年）四月。アウシュヴィッツがソ連軍によって解放されて七〇年の節目の年だ。前年暮れに旅行社に問い合わせたところ、五年おきに首都ワルシャワで開かれるショパンコンクールの予選会とアウシュヴィッツ訪問を組み込んだツアーが見つかり、すぐ参加することを決めた。

アウシュヴィッツを訪れたのはツアー四日目の四月二五日。南部の古都クラクフから貸切バスで到着し、当時のままの状態で保存され博物館として公開されている強制収容所に入った。ビジターセンターで献花のためのバラの花を買い、それを手に所内を回った。ゲートには「ARBEIT MACHT FREI（働けば自由になる）」の文字。強制的に送られてきたユダヤ人、ロマ民族、ソ連軍捕虜はどんな思いでこの偽りのスローガンを見たことだろう。自由になるどころかほとんどの収容者がナチスドイツの残虐行為の犠牲になった。アウシュヴィッツと二キロ西にある第二収容所ビルケナウの犠牲者はなんと一一〇万人ともいわれている。

アウシュヴィッツには三〇近い収容棟などが並び、うち一三棟には当時の写真、殺人ガスのチクロンB、遺体から切り取った髪の毛、トランクや靴、体の不自由な人の義足や義手などが展示され、政治犯を収容した棟には餓死牢、窒息牢、立ち牢など虐待の監房があった。これだけでナチスの極悪非道ぶりに怒りがこみ上げたが、北側の一棟にあるガス室と焼却炉を見て一層強まった。死体置き場とされていた広い部屋はやがて大量虐殺のガス室に変わり、その隣が焼却炉。まるでベルトコンベア式で、悪魔の所業としかいいようがない。

死の壁で思ったこと

「死の壁」と呼ばれる一角では多くの訪問者が献花していた。私もビジターセンターで買ったバラの花を供え、ユダヤ人、ロマ民族あるいは障害者というだけで命を奪われた人々の無念さを思い冥福を祈った。さらに、戦後、この大量虐殺を教訓に戦争、地域紛争、民族や宗教の対立、そしてこれらが主な原因となる大量殺戮をなくそうと、世界中の多くの人が願い誓ったはずなのに、ボスニア・ヘルツェゴビナやルワンダなどで虐殺が起き、最近ではイスラム過激派組織によるテロが世界各地で頻発するなど、世界の現状は全く逆の方向に進んでいると思えてならず、戦後七〇年、人類は何をやっていたのか、犠牲者に申し訳ない気持ちでいっぱいになり涙がこぼれた。

二〇一五年一月の解放七〇周年記念式典に参加した元収容者の一人は「人類はこの悲劇

から何も学んではいない」と悲痛な思いを打ち明けた。ドイツのワイツゼッカー元大統領はかつて「過去に目を閉ざす者は、現在にも盲目になる」と議会で述べている。これらの言葉が重く響く。この日は青空が広がり温かく、春の花々が咲き誇るほどののどかな日和だっただけに尚一層切なさが募った。

それでも少しホッとさせられたのは、アウシュヴィッツでもビルケナウ第二収容所でも大勢の若者が熱心に見学していたことだ。ドイツの大学の中には、休みを利用してアウシュヴィッツを訪れ修復作業などをボランティアで行い、ポーランドの学生たちは社会見学で必ず足を運ぶという。未来を担う若者たちがこの悲劇から学び世界平和に貢献することを期待している。

ナチスドイツの悪逆非道に関連し、映画「チャップリンの独裁者」を思い出すことが多い。チャップリンが一九四〇年（昭和一五年）に監督・製作・脚本・主演を努めた作品で、日本で公開されたのは戦後の六〇年（同三五年）だ。チャップリンが演ずるユダヤ人の床屋が強制収容所を抜け出したものの、独裁者ヒンケルにそっくりだったことからヒンケルに間違えられ首都に連れて行かれる。逆に本物のヒンケルは脱走した床屋に間違えられ逮捕される。床屋はヒンケル腹心の部下に続いて演説させられるが、全く逆のヒューマニズムに基づく演説をするのである。この六分に及ぶ演説が圧巻だ。

「人類はお互いに助け合うべきである。他人の幸福を念願とし、憎しみ合ったりしてはならない。兵士諸君、独裁者の奴隷になるな！　諸君は人間だ。心に愛を抱いている。愛を知らぬ者だけが憎しみ合うのだ。青年に希望を与え老人に保障を与えよう」。さらに隣国に亡命した恋人に呼びかける。「ハンナ、聞こえるかい。元気をお出し。ご覧、明るい光がさし始めた。人類は貪欲と憎悪と暴力を克服するのだ」。

映画製作時、チャプリンは大量虐殺については知らなかったといわれるが、独裁が世界平和と人類の幸福に災厄をもたらすことを渾身の力で訴えたこのシーンを初めて見た時、背筋が震えるほど感動したことが思い出された。

ツアーのもう一つのテーマはショパン。大好きな作曲家なので、一晩だけだが予選会を鑑賞し、ワルシャワ近郊のショパン生誕の地ジェラゾヴァ・ヴォラを訪ねたことに感激した。一九世紀、ロシアに蹂躙された祖国ポーランドを思いながらパリで没したショパンが今生きていたなら、大虐殺の悲劇を嘆き哀愁に満ちた鎮魂のピアノ曲を作ったに違いないだろうと、今でも考えることがある。

どこへ行った倫理・モラル

私は生命の営みや尊厳、人間と社会・自然との調和などについて考える団体の北海道支部メンバーになっている。この団体に関わるようになったのは新聞社に勤めていた二〇〇三年（平成一五年）。団体支部が設立一〇周年を迎え、「二一世紀を生きる心の原点」をテーマにした記念フォーラムに哲学者の梅原猛先生を招いたことから、そのフォーラムを新聞一頁全面で紹介する担当者となったのが縁だ。支部長は外科医で、その一四年前から取材を通じて面識があった。消費者協会を退職した今も年に数回の会合に参加している。そうした中で、社会のさまざまな問題の背景に思いやりや倫理観・モラルの欠如などがあることを強く感じるようになった。

北海道では一五年（同二七年）六月、飲酒運転の車二台が連続して事故を起こし、軽ワゴン車の家族四人を死亡させる悲惨な事故があった。前年にも小樽の海水浴場帰りの女性三人が飲酒運転の車にはねられ亡くなっている。十勝で起きた美容師殺人事件で逮捕された少年の供述は「人を殺してみたかった」。同じ供述は高齢の女性を殺害した名古屋の女子学生もしている。このほか、繁華街の歩道や歩行者天国で自動車を暴走させ多数の人を殺傷させる事件も後を絶たない。支部の会合で命の尊厳、基本的人権意識のかけらも感じさせない事件の頻発を重大視する意見があり、同年九月の支部主催公開フォーラムのテーマは「日常の中の道徳と倫理」となった。先述したように、特殊詐欺や悪質商法で高齢者や障害者が大きな被害を受け、高齢者や幼児・児童の虐待も深刻化しているので私もこのテーマに賛成した。

倫理、モラルに関するものは、モーゼの十戒、「和をもって尊しとなす」で知られる「十七条憲法」はじめ仏教各宗派の教えなど、いにしえより数え切れないほどあるが、今は広く語られることはない。私はフォーラムでは身近なテキストとして居酒屋や食堂などの壁で見かけることのある「親父の小言」について話した。

現在知られている「親父の小言」の元になっているのは、一九二八年（昭和三年）に福島県内のお寺の住職が書いた四五ヵ条で、参拝者に配布したものが土産物となり昭和三〇年代に全国に広まったとされる。そのルーツとなる江戸時代の和本が数年前に発見された。ペリー来航の前年一八五二年（嘉永五年）に神田に住む篤志家の手になるもののようだ。こちらは昭和版よりずっと多い八一ヵ条から成る。昭和版の多くは江戸版にある項目で、時代に合わせて取捨選択、若干言い換えたようだ。

「年寄りをいたわれ」「難渋な人に施せ」「大酒は飲むな」「不吉なことは言うべからず」などは両版に共通している。昭和版にないものには「身を大切にもて」「夜更けに歩くな」「高みに登るな（高みの見物のように傍観するな）」などがある。このうち「夜更けに歩くな」はストーカーや痴漢、ひったくりなどの犯罪が多い現代でも十分通用する。大阪高槻で夕方から出かけた中学生二人が殺害された事件があったが、この戒めが生かされていれば被害に遭わずに済んだと思うと残念でならない。

共通している項目に「不吉なことは言うべからず」があるが、同じことをフランスの人生哲学者アランが著書「幸福論」に書いている。「不安、杞憂、絶望、悲観的な言葉を自分に向けるな。それが幸福の最大の敵」。人生を深く思索する人は同じことにたどり着くようだ。

グローバルエシックス

このフォーラムでは東洋大学学長、竹村牧男先生の基調講演で教えられることがたくさんあった。その一つがグローバルエシックス。「地球倫理」と訳されている。一九九三年(平成五年)米国シカゴで開かれた第二回世界宗教会議で四項目の地球倫理宣言が採択された。経済を中心にグローバル化が進むと、さまざまな問題が生ずるが、それを解決するため諸宗教が共通して持つ四つの根本倫理を皆で守り献身しようというものだ。

○「殺さない」＝生命を尊重せよ。非暴力と生命尊重の文化への献身

○「盗まない」＝正直に公平にせよ。一致団結と公正な経済秩序の文化への献身
○「嘘を言わない」＝真実に話し合え。寛容と真実の生活の文化への献身
○「性的不道徳をしない」＝お互いに敬愛せよ。男女の平等な権利と共同の文化への献身

仏教の教えの中にある「五戒（在家の人が守るべき五つの戒め）」は不殺生・不偸盗・不妄語・不邪淫・不飲酒であり、グローバルエシックスにはこのうち不飲酒を除いた四つが取り入れられている。これらの戒めを抹香くさいと敬遠する人もいるだろうが、世界の平和・平等につながるものであることに私は感銘を受けた。しかし、現実は地域紛争、民族・宗教の対立による殺戮やテロなどが頻発し、自国の利益しか考えず他国の経済・産業にダメージを与える大国の不当な経済戦略も続いている。日本でも詐欺や悪質商法などで多くの高齢者が老後の蓄えなどを騙し取られており、「殺さない（不殺生）」「盗まない（不偸盗）」とはほど遠いと思うと嘆かわしい限りだ。

倫理宣言の中には直接的な文言はないが、環境問題も大きなテーマとして含まれる、と解釈する人もいる。私も賛成だ。豊かで美しい自然を次世代に引き継ぐことは私たち世代

の義務である。現代の大きな問題は原子力発電所だ。二〇一一年（平成二三年）の東日本大震災の巨大津波で東京電力福島第一原子力発電所が破壊され、原発の安全神話は崩壊した。周辺を放射能汚染し今も避難先から戻れない人が多い。この重大事故を契機にいち早く脱原発に転換したドイツは素晴らしい国だと思う。それに反して当事国の日本政府は脱原発の明快な方針を示さず依然として原発に頼ろうとしている。地震、火山の噴火が頻繁に起きている狭い日本に多くの原発を稼働させるのは、論理的にも倫理的にも許されないとの指摘があるが、その通りだと思う。使用済み核燃料の処分方法も確立されておらず、いずれ日本は核のゴミがあふれることになろう。一日も早く、地熱をはじめ太陽光、風力、潮流などの再生可能エネルギー（自然エネルギー）の比率を高め脱原発を実現する計画を策定し実行に移すべきだ。

話はちょっと逸《そ》れるが、私は縦一〇センチ、横一五センチの小さなソーラー充電器で専用の充電池に繰り返し蓄え、家の中の柱時計、目覚まし時計、ラジカセ、テレビのリモコン、カミソリなどに使っている。ここ数年、乾電池を買ったことはない。お天気のいい日にベランダにソーラー充電器を出して太陽の光に当てるたびに、自然エネルギーのありがたさを感じ、清々しい気分になる。

希望の光を見いだそう

こうして振り返ってみると、さまざまな出来事に遭遇し、多くの人に出会ったことで、大切なことをたくさん学んだように思う。その中で強く感じたのは、人間は決して一人では生きていけない社会的な存在だということであり、互いを思いやることの大切さだ。地域紛争やテロ、殺戮が絶えない世界の現状、モラルも倫理観もどこへ行ったのだと感じさせる事件や事故が目立つ日本の現状を目の当たりにすると、日本、世界の将来はどうなるのか、希望を失いそうになる。しかし、希望を失うことは将来を切り開くことにはつながらない。過去の教訓を念頭に置いて、世の中の動きをしっかり見つめ希望の光を見いだしていきたい。

「ヒロシマ」・私の平和意識の原点

スティーブン・リーパー

プロローグ

私は「ベビーブーマー」です。アメリカにも日本と同じように「団塊の世代」がありま す。一九四七年、私はその世代の一員として、アメリカのイリノイ州で生まれました。

成人になるまで、食べ物や金銭のことで心配をしたことはありませんでした。これは私が裕福な家に育ったという意味ではありません。第二次大戦後のアメリカ国内の雰囲気によるものですが、戦勝国として、とても楽観的なムードが社会にありました。ですから、「今も、将来も大丈夫」と感じながら育ったように思います。

ただ、青年期までに全く不安がなかったわけではありません。それは私には父がいないということでした。私が六歳のとき、父は日本で亡くなっています。そして母は、一〇年後、つまり私が一六歳のときに再婚しました。その一〇年間、父親がいない私は生活上の心配はないものの、精神的な不安をかかえていました。

その不安は、まわりへの反発という形で現れました。たとえば、教会に対して反発心をもつようになります。毎日曜日、母は私をキリスト教の教会に連れていきました。そのたびに私は母と口論をしたものです。やがて、私は無神論者を標榜し、「なぜ、無神論者が教会に行かなければならないのか?」などと不平を述べ、束縛からのがれて週末を自由に過ごすための理由を探していました。一方、母は「私の家族なのですから、毎日曜日に一緒に教会へ行くべきです」と言うだけで、私の不安に向き合ってはくれませんでした。

高校に入ると、今度は教師たちに反発心をもちました。私はBかCの成績を取ればいい程度の勉強しかしませんでした。母は政治家であり社会活動家でしたが、私は政治や社会問題にも全く関心はありませんでした。ただ、友だちを作り、楽しむことだけに興味があったのです。この態度は大学でも続き、相変わらず熱心には勉強をしなかったように思います。

結婚後、そして子供ができてからは、収入を得ることには熱心でした。とはいえ、出世欲があったわけではありません。目の前に、いくつかのチャンスはありましたが、必死で努力をするということはしませんでした。何かを得るために猛烈に働くことをしなくても、必要なものを得ることはできるだろうという意識が根底にあったからです。

ところが一九八四年、三七歳のとき、私の人生に転機が訪れました。日本に来て、広島に住むことになったからです。ただし、「平和」「原爆」というキーワードに関心があって広島に来たのではありません。家族を養うため、そして自分に向いた仕事が、たまたま広島にあったからなのです。はずかしい話ですが、私は広島に住みながらも、しばらくの間、原爆資料館に自ら足を運ぼうとしなかったほど、「平和」の分野には無関心でした。

その私が、どのようにして平和活動家になったのかは紙面の都合で略しますが、端的に言えば、ヒロシマの人々と接するなかで、私は変わっていったのです（詳しくは『アメリカ人が伝えるヒロシマ』岩波書店・二〇一六年二月発行をご参照ください）。

さて、ヒロシマで出会った人々とは、私がそれまでに想像もできなかった苦難の人生を歩み、強く生き延びてきた「ヒバクシャ」です。ヒバクシャは平和を真剣に希求し、特に核兵器廃絶に全力で取り組んでいました。また、ヒバクシャを助け、平和活動を進めるために、あらゆる方法で懸命に努力を重ねている活動家たちに出会いました。さらには、精神修行を真摯におこなう宗教家や、仕事に忠実に取り組むビジネスマンとも交流しました。そうした人々との出会いのおかげで、私は次第に、人生について考えるようになっていきました。

平和運動に関わるようになってから、私は本来の自分に出会えたように思っています。「本来の自分」とは何かを一言では表現し難いのですが、「人間愛」や「他者を守る」という意識を忘れずに生きていくということのように感じています。そして同時に、私の心は安らぎ、怒りや反抗心が次第に和らいで、人生を前向きに捉えるようにもなりました。

ヒロシマは、「何のために生まれてきたのか」「人生において何をすべきか」を、私に教えてくれた場です。

平和について、暴力について、核兵器や人類の将来について、私は学び、人々に語り、思索を重ねてきました。次節から、私の人生に意味をもたらした「平和」の基本理念の幾つかをご紹介します。

戦後ではない

現在の世界を見てみると、アメリカの覇権力が急速に弱くなってきています。すなわち、アメリカの言うことを聞かない国が増えてきているということです。南米でも中近東でも増えています。しかも、ロシア、中国、ブラジル、イランなどアメリカに反抗する勢力が強まっています。

これは軍事の分野よりも、経済的に強く見られる傾向です。そして次第に競争が激しくなって、誰が世界のボスか分からなくなっていくでしょう。

私自身は一人のアメリカ人として、アメリカの覇権主義ができるだけ早く終わった方がアメリカのためにも世界のためにも良いと思っています。ただし、大国が凋落するとボスが不在になる、そうなると、ほぼ例外なく軍事衝突が横行するのです。それは、過去の世界を振り返ると明らかなことです。

かつて、ヨーロッパの植民地時代が終了した時に、第一次世界大戦、第二次世界大戦が勃発しました。それと同じような時期が来たのではないかと論じている学者が増えてきています。日本でもアメリカでも、第二次世界大戦の前の状態にもどりつつあると感じている人がいます。

日本では、今はまだ、第二次世界大戦の後（戦後）であると思っている人が少なくありません。しかし、もはや戦後ではないのです。今は、第三次世界大戦の戦前です。その戦争を止めるのが人類の優先課題であると私は思っています。そして、我々に必死に努力する覚悟がなければ、それを止めることができないとも思っています。

ハワイ島にヒロと言う都市があります。そのヒロには小さな資料館があり、その資料館の中には、第二次世界大戦の勃発を止めようとしていた人たちに関する展示物があります。

その当時、かなり早い時期からアメリカと日本が衝突することに危機感をもつ人たちがいました。それを防ぐための情報交換や人的交流、両国の友情を育むような交流会など、いろいろな企画を立案し、お互いに人々の往来ができるように尽力していました。しかし結局は、その努力は十分ではなかったわけです。戦争を支持する力の方があまりにも強かったのです。

日本では、非戦を訴える人たちもいましたが、拘束または抹殺されてしまい、軍人が世の中を何もかも支配するようになってしまいました。また、アメリカも同様でした。アメリカも軍事国家になって、何もかも「戦争のために戦争のために」というような、戦争を支持し、遂行するような状況になるわけです。その結果、第二次世界大戦では世界中で少なくても五〇〇〇万人もの人々が命を奪われました。

それを防ぐため一生懸命に活動を行っていた人たちがいたにもかかわらずです。今、私たちは戦争への道を歩んでいます。必死に努力して方向転換する必要があるのです。

世界を牛耳るボスは、もう現われない

日本では、徳川家康が戦国時代の中から日本を統一して平和な世の中を築きました。家康がボスとなり、江戸を中心にして武力と制度によって、日本全体を長期間にわたり、争いのない状態にしました。

これは日本だけでなく、人類の歴史そのものでもあり、それぞれの地域で、人間はその

ように社会を作ってきました。ただし、国内に争いがおこり、それを鎮めることができなくなると、ボスの力が弱まったと見なされます。そして、社会は不安定になり、新しいボスが出るまで争いが続きます。それが「戦争文化」による社会構造の典型です。

国内だけでなく、世界を視野においても同じことです。アメリカでは、新保守主義（いわゆるネオコン）の人たちは、自分たちが世界のボスになるべきだと思っていました。それが天命であり、アメリカが世界のボスになって他の国々がそれに従ってくれれば、国際平和が構築できるという理想です。

アメリカは近年まで、軍事的、経済的両面でボスになれると思っていました。ソ連が崩壊してロシアになったとき、アメリカがボスになって、全世界を治めることができるだろうと、ネオコンたちは考えたのです。ゆえに、アフガニスタンに入り、イラクに入り、世界のオイルを支配しようとしました。

しかし、その行為はアフガニスタンとイラクで失敗に終わりました。アメリカという世界で一番軍事的に強い国が小さな弱いアフガニスタンをコントロールできず、イラクもコントロールできませんでした。イラク国民の半分は一八歳以下の人です。その国をアメリカがコントロールできないのです。では、どのようにして中国、インド、ロシアなどの大国をコントロールできるでしょうか。不可能です。それと同時に中国も世界をコントロールはできず、ボスになれません。ロシアも同じです。

現代社会において明確に言えることは、全世界のボスは、もう出て来ないということです。「戦争文化」による世界平和構築は、すでにあり得ません。もし、戦争文化を捨てずに世界平和を求めるならば、あとは各国の軍事力の競い合いが加速するだけです。そして、悪魔の兵器である「核兵器」に注目が集まり、核兵器は拡散して、拡散の歯止めがきかなくなることでしょう。その行く末は、核戦争、あるいは核の偶発的事故により、人類は破滅を待つばかりです。

「戦争文化」を捨てて、新たな文化のなかで生きていかなければならない時代に、私たちは生きています。

ヒロシマ発「平和文化」

その新たな文化とは「平和文化」です。この発想を、私がどこで学んだかをお話しします。それは倫理学者であり、原水禁国民会議議長を務めた森瀧市郎さんからです。森瀧さんは、核絶対否定を主張する平和活動の第一人者でした。一九四五年、広島で被爆された森瀧さんは右目を失明する大けがを負い、療養生活を余儀なくされました。そのときから原爆という武器について考え続けておられました。人間にとって想像を絶する武器の出現。ひとつの爆弾が地上六〇〇メートルで炸裂し、一〇秒で広大な地域が破壊される。この原爆という武器は人間にとってどういう意味をもっているのか、そのことを考え続けて、ひとつの重要な洞察に辿りつかれます。

原爆が出現したということは、もう人間は破壊的競争によって問題を解決することはできなくなったということ。つまり、人類は戦争を止めなければならない。それが原爆の本当の意味だと。戦争を止めなければ人類の将来はありません。

森瀧さんは、さらに語っています。私たちは今、「力の文明」の中に住んでいます。その「力の文明」から「愛の文明」へ移行しなければ人類に将来はありません。だから、この原爆が二度と使われないために戦争を止めなければなりません。戦争を止めるためには暴力を止めなければなりません。暴力を止めるためには競争をやめなければならず、その競争を止めるためには、愛を育てる必要があります。森瀧さんは、床に臥している間、このことを考え続けられたのです。森瀧さんが広島で被爆されたのは四五歳で、その後九二歳で亡くなられるまで、ひたすら核兵器の存在と向き合い、廃絶を訴え続けられました。

これが、私がこれからお話しする「平和文化」という考え方の源泉です。私は広島で、森瀧さんをはじめ多くのヒバクシャ、そして活動家との出会いを重ね、この「平和文化」を説明し、拡げていくように考えながら、実際の活動に没頭してきました。

平和活動を続けていくうちに、二〇〇七年、私は広島平和文化センターの理事長に就任しました。同センターは広島原爆資料館（正式名・広島平和記念資料館）の運営母体です。私は理事長のとき（～二〇一三年）、国内外の各地に赴き、国際社会が「戦争文化」から「平和文化」へ移行すべきであることを語ってきました。

「平和文化」を拡げるために

「平和文化」を理解して、拡げてくれる人や団体は多くあります。私が講演をさせていただいたのは、学校、平和団体、宗教団体などさまざまです。その講演活動のなかで、意外なことも経験しましたので、そのお話をします。

アメリカにおける、キリスト教系のある平和団体でのことです。二〇以上の支部をもち、二〇〇〇人以上の従業員がいて、多くの会員が在籍している巨大な組織です。その団体に、核兵器廃絶を求める「平和首長会議」が行うキャンペーンへの参加を頼みました。その幹部クラスの人との意見交換を経て、いよいよ団体のトップと会うことができました。そのときにもらった答えはこうでした。

「巨大組織になってしまっている私たちは、団体として、その依頼に応えることはできません。幹部の私たちは賛同していても、同調しないメンバーが多くいるのです」と。

つまり、この団体では、社会事業やスポーツ振興など多くの部門があり、いろいろな立場の人が在籍しているので、核兵器廃絶という問題に関しても意見が分かれるというわけです。もし、団体として核兵器廃絶を主張すれば、多くのメンバーが離脱して、組織の経営に影響が出ることを懸念せざるを得ないようです。もはや、キリスト教思想による平和構築の方針を、団体の答えとして全面に出すことができない状態のようでした。

もう一つお話ししましょう。これは日本における既成仏教のある団体でのことです。幹部レベルの方に「貴教団は、核兵器、原発、集団的自衛権などについて、どのような立場をとっていますか?」と尋ねてみました。その人の返答は次のような趣旨でした。

「核兵器は廃絶されるべきです。原発については? 集団的自衛権については? ……実際のところ、私たちの教団には、いろいろな立場の人が在籍しています。ですから、原発および集団的自衛権については、教団として一つの方向性の答えを出しにくいわけで……」と。

いかがでしょうか。この二つは特別な事例ではなく、とくに大きな団体にありがちなことです。組織の事情はわかるのですが、何かおかしいと思われませんか? 各団体には設立された趣旨や信条があるはずです。宗教団体ならば、その「教え」があります。そこに照らし合わせて答えを出すべきなのでしょうが、実際にはそれができず、メンバーの顔色をうかがっている団体が少なくないようです。

宗教者への期待 1

私は先に紹介した団体が、本来の判断姿勢を取り戻してくれることに期待をしていま す。確かに、一つの方向性を出すことによって怒ったり、退会する人もあると思います が、それ以上にメンバーになりたいという人も出てくるはずです。どちらとも言えない、 当たり障りのない立場にいることは、逆にその団体の魅力を下げてしまうことだと私は 思っています。

宗教団体のことをお話ししたので、さらに言えば、「宗教者には、今の世の中の出来事 に、もっと関心を持って活動をしてほしい」と期待しています。政治的なことを避けた り、社会問題に口をつぐんでしまうのではなく、しっかり社会に意見を発信してほしいと 期待するのです。

なぜ、そのように期待するかと言えば、二つの理由があります。

一つ目は、世界レベルの平和を構築するためには、宗教団体がもっている多くの人員 と、その努力は不可欠です。私の今までの活動経験から、そのことが顕著にわかります。

二つ目は、「各宗教の教え」と「平和文化」は、多くの共通した考え方をもっていることです。「争いや競争によって平和を築きなさい」という宗教は、聞いたことがありません。暴力による解決を選ばず、弱者を守る。さらには、すべての人々の平等を訴えるのが宗教の本質ではないでしょうか。宗教の本質は「平和文化」に直結していると、私は思っています。

前節で、「原発」「集団的自衛権」を挙げましたが、これらのことは日本の宗教者には、ぜひ、しっかり考えてほしい問題です。

原子力発電は、まさに二〇世紀における権力構造そのものです。それは、原子力物理学者・技術者などのごく少数の集団により情報が管理され、操作されるというものです（危険な作業は立場の弱い人びとが請け負っています）。その組織には巨大な投資が集まり、中央集権的な力が与えられるようになっています。

さらに原発は、循環性をもたない「核廃棄物」を生み出します。これは未来の子孫に対する無責任な行為であり、取り返しのつかない地球の破壊行為です。原発は、地球環境問題を解決するための代替案には決してなり得ません。

そして何よりも、原子力発電所はとても危険な存在です。事故が起これば、大きなエリアが一夜にして住めなくなってしまいます。そのような危険性を有した技術と存在は原発だけです。

次に集団的自衛権ですが、これは武力による戦争抑止策であり、間接的な軍拡です。日本政府は「積極的平和主義」という言葉をよく使いますが、実は「積極的戦争文化主義」ではないでしょうか。

宗教者には、自身が信ずる「教え」から、上記の社会問題を注視してほしいのです。

宗教者への期待 2

「宗教の本質」と「平和文化」は共通点が多いということをお話ししましたが、その意味において、宗教は人類共生のための意識を高める役目を持っているということができます。

現代社会は物質主義的傾向が強くなってきています。つまり、神仏や精神世界のことを考えないようになりつつあります。生まれてきた意味や自分の死後についてなどには関心を示さず、現世における成功や金銭欲が思考の中心になっているのです。

実は、アメリカはそういう風潮が強くなってきています。アメリカのテレビを観ていても、そのような人生観に立脚した番組が多いのです。これには理由もあるのですが、宗教性をおびた話題になると反発する視聴者もあり、それで宗教性のある話題を避けるような傾向になります。ゆえに、「神様は存在しない、精神世界など存在しない」という雰囲気が蔓延し、「物質のみの世界に私たちは住んでいるのだ」という語り口のテレビ番組が多くなるのです。

現代社会は、人びとはテレビから多くの影響を受けています。こういう時代にこそ、宗教者が声をあげて、「精神面の話」を、「この世だけではないという話」をしてほしいと思っています。この地球環境を健康な状態にして、みんなが幸せになるような社会にするためにどうすればよいかという話を、たとえ反対する人が出ても、堂々とする必要があるのではないでしょうか。

この物質主義、現世主義は、アメリカだけでなく、世界に共通して言えることです。この世での損得に囚われすぎて、モラルが全く保たれていないのです。宗教が説く「悪いことをしたら罰がくだる、この世での行いが死後に影響を与える」という基本的な教えが軽視されているのが現代です。

しかし、日本はその精神がまだ保たれているほうだと思います。欧米諸国では深刻です。それは、人びとの生き方に現れるからです。平和を売ってでも金儲けに執着する「競争意識」「戦争意識」に進んでしまっています。人類が共に生存をするためには、「平和意識」への転換が必要であり、宗教者には、その先頭に立ってほしいと期待するのです。

本稿のプロローグで、少年期に「無神論者」を標榜していた私が、このように語るのは意外かもしれませんが、ヒロシマにおいて、ヒバクシャ、活動家、宗教家から、その精神の大切さを学んだように感じています。

なぜ、急がねばならないのか

アメリカには『サイエンス・マガジン』という有名な一般向けの雑誌があります。その最近の記事に「現在の人間の生き方が何も変わらなければ、二〇四八年までには、全世界の海には魚が一匹もいなくなる、完全に死滅する」という内容がありました。

もし海が死んだら、人間も死ぬのです。海から我々の吸う酸素の五割が発生するのですから、もし海が酸素を出さなくなれば、人間は生きていけません。それを防ぐためにどうすればよいか。なぜ「平和文化」が大切かということはそこにあります。

二〇四八年と言えば、遠い未来でないことは明白です。みなさんの子ども、お孫さんの時代です。それまでに、幸いにも第三次世界大戦や核戦争が起こらなかったとしても、人類の共存は危ぶまれるのです。

ところで、昨年（二〇一五年）11月末から12月にかけて、国連気候変動枠組条約の第21回締結国会議（COP21）がパリに於いて開催されました。地球温暖化を1・5℃未満に抑えるよう努力することで各国が合意したことは画期的だと、もてはやされました。しかし、切実な被害を受けている国々からは、義務化のない協定では不十分だと批判が上がりました。

私の目から見れば、ＣＯＰ21の結果では全く問題解決になっていないと思えます。なぜならば、相変わらず先進国を中心に自国の富や力を、競争を通じて守ろうとしているからです。さらには、先住民、経済的に弱い国の科学者や活動家は、最後の交渉の会議には参加を拒否されています。先進国が、問題解決よりも交渉に勝つこと、協力よりも競争を優先した姿です。そして、今回の協定が将来に十分に実行されたとしても、今世紀中に世界各地で受ける被害は避けられない現実が待っています。

読者のみなさんは「それは厳しすぎる見方だ。先進国は危機感をもって、今までにない決意を表明したのだから評価すべきではないか」と思われるかもしれません。しかし、地球温暖化は、今までの「競争の文化」の物差しで各国の動きを評価していては、完全に時間切れとなり、人類は共存できなくなってしまいます。

「戦争文化」では、海は救われません。「競争原理」からの脱却なしに、温暖化などの地球環境問題を解決することなど不可能なのです。

平和文化への移行のカギ

先に紹介した森瀧市郎さんは被団協（日本原水爆被害者団体協議会）のリーダーとして、四〇年以上にわたり、社会に大きな影響を与えた方です。森瀧さんは、今の「力の文明」「競争の文明」から「愛の文明」への卒業ができなければ、人類の将来はないと一九五〇年代から訴えていました。

森瀧さんの時代には環境問題は、さほど深刻ではありませんでした。しかし、核兵器の出現を受けて、人類の生き方に関する問題を、すでに見抜いていました。にもかかわらず、それから半世紀以上を経ても、国際社会は戦争文化からの移行ができていないのが現在です。

なぜ、戦争文化を卒業できないのかと言えば、いくつかの理由があります。

最大の理由は、「平和のモデル」がないからです。実践している人もいますが、まだあまりにも少ないのです。

ほとんどの人は、今の生き方が良くないことを分かっています。二酸化炭素を出してはいけないと思いながら、車を使っています。私は広島の山間に住んでいますが、車がなければ何もできません。いろいろな機械を動かすために、電気を大量に使って、二酸化炭素を出しているのが、私たちの生活です。

低エネルギー、低資源、低廃棄物、自給自足のモデルが、あまりにも少ないので、どのようにして持続可能であり、平和的な生活ができるかということが見えて来ないのです。つまり、人によっては関心があるのにアプローチできない状態です。

しかし日本は、そのことに大切な役割を果たせると思います。日本が「平和文化」の国を目指し、そのモデルを示してくれるならば、世界に対して素晴らしい影響を与えられると思います。さらに言えば、日本以外には、そういうことができる国は皆無だと思います。

ところで、日本において多くの人は、「日本は食物の自給率は低い。石油などのエネルギー資源がない」と言います。しかし日本には十分な土地があり、きれいな水もありま す。このことは、とても重要なことです。世界を見渡しても、日本ほど、きれいで多くの水に恵まれている国は、ほとんどありません。そして、エネルギーについては、今後、アジアから新しい発電方法が次々に出てくると予想します。

例えば、「小水力発電」というものが、すでに始まっていますよね。身近にある水路や小川に、箱型の装置を設置するだけで電気を起こすことができます。

私の弟は、イギリスで波の力による発電の仕事をしています。そうした技術は、すでに研究されているわけですから、日本の周りの豊かな海流に目を向ければ、ある程度の電力を確保することは夢ではありません。

すなわち、上記のような発電に関する新しい取り組みを積極的に行えば、人びとの行動や考え方も、自ずと「平和文化」的なものになっていくことでしょう。そのような取り組み（平和的生き方のモデル）が、社会に多く現れることが、「戦争文化」を卒業するカギとなるのです。日本は、それができる国だと、私は期待しています。

カギを握る日本

日本は教育水準がとても高い国です。しかも、昔から国民全員に教育が浸透するような民族性があったのは、世界中でユダヤ人と日本人だと聞いています。識字率が五〇％に達していたという江戸時代末期の日本における「寺子屋」は有名です。それに対して、ほとんどの国はエリートのみが教育されていて、下層の人々は読み書きができない状態が長く続いています。実はアメリカも例外ではなく、十分な教育を受けられず、それが貧困や暴力につながってしまう現実は深刻です。そうしたなか、日本は誰もが希望すれば十分な教育を受けることができ、実際に知識の豊かな人が多くいます。

日本のみなさんが力を合わせて、人間の生き方を再考し、発電方法や食糧の自給率を上げることに努力を惜しまなければ、きっと、世界が注目する魅力的な国になることでしょう。そして、その国づくりは、もちろん日本のためだけという発想ではなく、世界のモデルになるように意識して進めることが大切です。他の国が真似をできるようにして、関心をもつ国には、そのノウハウを伝える作業も行われるようにします。世界から愛される国となります。このように、日本は「平和文化」を世界に拡げる可能性を十分に持ち合わせた国であることは間違いないと、私は思います。

ただし、今の日本は、その方向と反対に向かっているようで残念です。アメリカのように、エリートや上流階級による貧富の差が拡がってきています。国家の安全保障も軍事力に頼る考え方が強くなりつつあります。核兵器廃絶に関しても、とても曖昧な態度をとり、原発の問題では、人びとの命よりも経済を優先しています。

今、日本は「戦争文化の道」と「平和文化の道」との、大きな分かれ道に立っていることは明らかです。そして、これからの日本の判断と歩む道が、人類の将来に与える影響は想像もできないほど大きいものです。

ぜひ、「戦争文化」から「平和文化」へ、という視点を、いつも忘れないでおいていただきたいと思います。日本のみなさんには、その視点から社会問題に意見を発し、行動していただくことを、私は切に願っています。

エピローグ

今から一〇年ほど前、親戚の家で、ある音声記録が見つかりました。一九五一年のもので、磁気針録音（テープレコーダー以前の録音方法）です。その録音は日本で収録されたもので、当時三歳であった私の遊び声も入っていますが、ほとんどが父と母の会話でした。父が英語で話していて、私は、その声を聴いたとき、とても衝撃を受けました。私が六歳ときに父は亡くなっていますから、こんなに愛しく、なつかしい声はありません。

その録音を聴いた衝撃は、なつかしさだけではありませんでした。当時の父は、YMCAが世界的な友好を促進するプロジェクトに入り、アジア各地を旅していました。そのアジアのなかでも、生活の場として日本を選んでいます。録音には父が日本で生活をしようとした理由が語られていました。それは戦争のために敵となった日本の人びとと友だちになるためだったというのです。アジアをまわりながら、日本に住み、日本とアメリカの人びとが仲良くなることを願っていたのが父であることが、父の肉声からわかったのです。それまで、私は父のことを、宣教師、またはYMCAの職員だと思っていたのですが、実は一人の平和活動家であったのです。

母のことも話させてください。実は、母も平和活動家でした。住んでいたウィスコンシン州で彼女は平和候補者、ユージン・マッカーシーの大統領選挙キャンペーンを運営しました。また、一九八二年に州議会下院議員として核兵器停止運動を支持する最初の州決議案の提出を実現しています。地元ではよく知られた平和を重んじる政治家でした。幼い私にガンジーの著作を読み聞かせて、武力によらない平和構築は必ずできると、教えてくれたことを思い出します。

青年期は、そのような親の心は分からず、反抗的な態度をとっていましたが、私はヒロシマを通じて、その両親の心に近づく結果になったのは、とても不思議なことだと感じています。

今、私は「平和文化」を伝えることを、人生の目的として生きています。このことは、親譲りであったのかもしれません。そしてヒロシマで、人間として大切なことを教えていただいたことに感謝し、これからも、その親譲りの使命に励む思いです。

吹けば飛んでしまう出版社—可能性への挑戦

白井隆之

誕生

私は一九四七年二月に生まれました。予定日より三ヶ月早い出産で、体重は一六〇〇グラムしかありませんでした。しかも私は生まれて三ヶ月後に脳性小児マヒ（後に病名が判明）にかかり、四〇度の高熱を四日間出しました。私は今日まで後遺症と共に生きてきました。当時のことを母は、次のように語っています。

「寒い日に生まれ、体重も少なく、何もかも小さい赤ん坊でした。近所から湯たんぽを貸してもらい保温に努め、母乳を口に含ませるのが一苦労でした。おまけに高熱が続いて泣き止まなくて、三日三晩隆之をオンブに抱っこして過ごしたんだよ」

母の命がけの看護に家族の協力があればこそ私は死んでもおかしくない状況から救い出されたわけでした。その後の私の成長は遅く、歩き始めた時期は二歳になって間もない時でした。

私はその時のことを今でも覚えています。家の近くの道路上で小さな鼻緒の草履を履いて、母親に手を引かれて一歩ずつ前に歩いている私を側にいる人たちが皆喜んで見ていた姿が目に焼き付いています。この情景が私の一番古い記憶となっています。遅ればせながら私は自分の足で歩くことができるようになったのです。その日両親は大喜びでお赤飯を炊いて近所の家々にお赤飯を振る舞ってお祝いしたと兄弟から聞きました。

私のやること成すことを異常と感じていた両親は、私が四歳になった時に、それまで近所の医者に診せても埒があかないので、東大病院に行って診てもらうことになりました。東大病院ではいろいろと機能検査が行われました。その結果、初めて病名が判明して「脳性小児マヒ」に罹っていると言われました。「この子は全身機能障碍を持っており、特に緊張すると動作が異常、四肢の硬直性マヒを伴う」と言われたのです。よく理解しがたい説明だと親は思ったそうですが、普通のこどもとは違うんだと、はっきり医者に言われたと理解したそうです。「この先我が息子はどうすれば良いですか」と医者に聞くと、「これから話すことは大切なことですから」と前置きして「息子さんの障碍がこれ以上重くならないためにマッサージに通い、これまでどおりの生活を続けてください。施設に入ることは決して良いことではありません。親子で頑張ったほうが良い時もあります。息子さんを診ていると、家で育てるほうが適していると私には思えます。道程は決して易しくはありませんが、将来を考えれば家のほうを勧めます」という言葉をいただきました。ここで親は医者に「ありがとうございます。親は子どもの将来を信じて、この子どもの舵取りが大切だと思っています。茨の道かもしれませんが、この子と精一杯頑張って生きていきます」と親は決心したのでした。その日から私が障碍を持っていても普通の生活を送れるように、家族が一体となって、優しくもあり、厳しさも伴うリハビリが始まりました。

一年遅れの入学

兄弟皆が同じ小学校を卒業しましたので、私が入学した時の担任の先生は私のすぐ上の兄を教えた先生でした。私のことも私の家庭のこともよく理解していて、私にとっては都合がよく安心して授業に取り組むことができました。通学途中や校庭で遊んでいるときに悪童連中に取り囲まれ、「おまえ、おもしれぇなぁ、恰好が。首が震えていて、首振り人形だ」といって囃し立てられ追いかけ回されるという試練に早くも遭いました。意地悪を受けたことは悔しくてたまりませんが、それをカバーしてくれるガキ大将や友人等がいて、あまり苦になりませんでした。しまいには意地悪仲間と仲良くなってしまいました。そんなこともあり、母親は私が一年に入学してしばらくの間、一日おきに午前中教室に来て後ろで私がクラスの子どもと同じようにちゃんと授業を受けられるかを心配のあまり参観に来てくれました。

母親は教室の後ろで教室全体を見渡しながら、一人ひとりの子どもに目を注ぎ、先生の問いに対して答えられない子どもにそっと字を教えたり、休み時間に字の書き方や読み方を学ばせたりしていました。母の傍らには自然とクラスの子どもたちが集まり、人気もあり、まるで補助教師のようでした。私が先生の問いに答えられない時にはサポートはありませんでした。

「しっかり学んで覚えるんですよ」と言っているように母の視線を私は感じました。母親のクラスの子どもたちに対する何げないサポートは担任の先生に影響を与え、自然とクラスの子どもたちはハンディのある身体の私に対して違和感を弱め、理解する効果になりました。大人たちが心配するよりも当時の子どもたちは天真爛漫でした。違いを認めてそれを受け入れる柔軟な心が育っていたと思います。私はクラス仲間にあらゆることにおいて助けられ、すべてに対して無我夢中でぶつかって行きました。私は学びに遊びにと楽しい日々を過ごしていました。学校から帰ってくるや否やランドセルを玄関に投げ出して近所の仲間と共に夕闇が訪れるまで遊んでいました。季節によって遊び方はいろいろありました。冬は凧揚げ、春はビー玉、夏は近くの海に泳ぎに、秋にはメンコ。その他に山で小屋を造り、木や竹で刀作りをして両軍に分かれてチャンバラごっこをして真剣に遊んでいました。今はそのような遊びを見かけなくなりました。私は数多くの遊びを懐かしく思いますし、いろいろな遊びを通して、子どもたちは自然に一人ひとりが人に対する思いやりの心を育み社会性を身につけていったと思っています。幼少の頃の野や山は広く優しく、空はどこまでも高く大きかったことを覚えています。

私の毎日での学校生活と放課後の生活は充実したものでした。そのような時でも私の心はスッキリしないものがありました。意識過剰なのかもしれませんが、幼い時からどこにいても私が何かをする時には必ず周囲からの視線を感じていました。私の一挙手一投足が他人から見ると注目に値するようなのです。それは無理もありません。私は動作を始めるとき、人の三〜四倍の力が身体全体に入って動き出します。まるでロボットが歩くようにギコチなく、左右に揺れながらヨタヨタと歩くのです。おまけに首も左右に動かします。自分でもどうにもなりません。自分で意識すればするほど動きはよりダイナミックになってしまいます。このような自分が嫌でいやでたまりませんでした。整形手術で治るものなら喜んで手術を受けたいと思います。私は「脳性小児マヒ」の後遺症からの回復を願い自分と闘っていたのでした。「ぼくだって皆と同じように歩きたい、カケッコだって皆に負けたくない、工作だって思ったように上手に自分で作りたい。野球だってボールを遠くに飛ばしたい」と心の中でいつも思っていました。そんな私を友だちは本当に大事にしてくれて仲間外れにはしませんでした。私に何ができないのか、また何ができるのかを知らず知らずのうちに分かってくれているのでした。それに細かな物作りの実験などの時には、私の苦手な部分をしっかりとフォローしてくれ、見事な製作品が出来上がります。私は一緒に製作したことに心底から喜びを感じます。この喜びの感情はハンディを背負った者の特異なものだと思います。ハンディがあるとその場に参加することさえ難しく、そこに入るには大変な勇気が必要です。

その中に入っても環境が大変重要で、お互いの協力関係が発揮できるのであれば大成功です。人間一つのことを誰かと一緒にやることは大切で、そこからお互いいろいろなことを学び知り合うのです。このようにハンディを背負った者、背負わない者が社会で共に生活するための一歩が学校生活で始まっているのです。

私が小学校四年生になるとクラス替えが行なわれ、担任の先生も新しくなりました。担任になった先生はまた兄を受け持った方で、私の家庭や私のことをよく知った先生でした。母親とも親しくしていたので、私は何も心配することもなく今まで通りの学校生活を過ごしました。私はこの時期に自転車に乗りたくて練習を始めました。クラスの中の一部の女子を除くと全員自転車に乗って気持ち良さそうに走っているのを私は遠くから見ていました。土、日を利用して兄の指導の下に学校の校庭で自転車に挑戦です。兄に自転車を押さえてもらい、私はいつものごとく身体に力を入れて「ヨッコラサ」と自転車に跨りました。すると兄は「力を抜いて、ゆっくりとペダルを漕ぐんだ。まず左、次は右と、力を入れないで」と言って、少しの間補助し寄り添って「離すぞ」と言った直後の三メートルぐらいの所で自転車はコケてしまい、見事に私は地面に尻餅をつきました。その痛さを何回も味わいました。私は動作を起こす時にどうしても人の何倍かの力が身体に入ってしまい、平衡感覚を保つことが著しく難しいので、バランスよく自転車を操作し続けることは天と地が引っ繰り返りでもしない限り成功しそうにありませんでした。一ヶ月ほど繰り返し練習しましたが、あえなく敗れました。その五〇年後、私は自転車乗りに再チャレンジして五〇年前の屈辱を晴らしました。長崎県島原半島の海岸線を風を切って最高に気持ちよく走りました。この模様はＴＢＳテレビ筑紫哲也ニュース23で取り上げられ、七ヶ月の密着取材の後、二〇〇八年二月一一日に全国放映されました。この放映を見た視聴者からの反響は三ヶ月以上経っても会社や私個人にいろいろと声が寄せられて、大変大きな喜びと励みになりました。

運動会

話を小学校四年生時代に戻します。私は「脳性小児マヒ」の後遺症に悩んで自分自身で苦しんでいました。後遺症は完治することもなく、悪化する兆候も見えませんでした。

私はそんな状況でしたから人前に出ることが好きではありませんでした。秋になると「秋の大運動会」が行なわれます。一ヶ月前から学校挙げての運動会の準備が始まります。授業は体操の科目が多くなり、三クラス合同で運動会に行なう種目を全員で練習します。遊戯や徒競走などに加えて行進などを。私は例によって身体にいつもより力が入り、緊張の限界状態になります。自分でも分かっているのですが、どうする術もありません。私がその事柄に集中し自分をよりよく表現しようと思うと、身体はさらに硬くなり、醜い自分をあえてさらけ出してしまうのです。

この状態は「脳性小児マヒ」の特徴なのです。普通の人はスマートにより良く見せるのですが、私の場合は真剣になればなるほど、心とは逆に身体が反応するのです。

大運動会の当日が来ました。戦後のベビーブームの子どもたちが中心ですから、その数は子どもの親も含めると大変多く、広い運動場は競技する場所だけがポッカリ空いていて、その周りは人で埋まっています。私の親も前日から運動会のお弁当作りに精を出し、応援席を確保して良い場所に陣取っています。私は運動会が大の苦手です。また人前で私の醜い姿をさらけ出す舞台ですから、嫌でいやでたまりませんでした。私は何か理由を拵えて、この運動会から逃げ出したいと毎年のように思っていました。この年も想いは叶わずに競技に出場することになり徒競走が始まりました。私の組の順番が来ました。スタートに着きます。「バーン」という号砲とともに私もスタートしました。しばらくのうちに皆から私だけが引き離されていきました。いつものことでしたが、一生懸命私も走っていました。先頭の子はゴールが間近です。私は中間点ぐらいの所を特徴ある姿で走っていました。首が振れますから右の応援席が見えました。皆な声を出して私を応援しているのがはっきりと見えました。次に左を見ると、手やハンカチを振って私を応援してくれていました。私はこの時嬉しくて熱いものがこみ上げてきました。初めての経験でした。しばらくの間、私と場内は一つの興奮に包まれていました。ビリの私を皆さんが認めてくれていたことに私はこの時に気づきました。自分の姿形を恥じていたのは私だけであって、他の人は気にせず「ありのまま」の私を受け入れてくれていたことに初めて気づきました。私だけではなく一人ひとりが全力でゴールを目指して走っているのです。その時ゆっくりと走っていたからこそ私は周りを見渡すことができました。そのおかげで周りの人々の反応は自分の想いとは違うことを知らされて、私の人生におけるターニングポイントになりました。「誰かが一生懸命に物事に取り組んでいるありさまに、姿・形がどうあろうが、人は認めてくれるんだ」と私は理解しました。私はこのままでいいんだ、ありのままの私で生きて行こう。しっかりと、ゆっくりと歩くことは周りが見えて大事なことだと教えていただきました。このことは私の哲学となり人生への挑戦が始まりました。

小学校四年時の運動会は私にとってまさに人生の大転換点になりました。私は気分が軽くなりこれまで以上に積極的に物事に対応するようになりました。小学校五年生になってまもなく、母は「中学は私立にするからね。明日から家庭教師が来ますから、先生が来る日は遊びはだめよ」と言いました。どこの学生さんが来るのかと思っていると、関東学院大学の工学部三年の学生さんが週二日自宅に来て、勉強を見てくれることになりました。六年生になると受験勉強が本格化しました。担任の先生の自宅に週三回、放課後の夕方六時から八時半まで補習授業を受けに四人のクラス仲間と通いました。私たちは勉強もしましたが、夕方から夜に外出するのは初めての体験でしたので、四人とも行き帰りの道中に寄り道や道草をして、冒険とまではいかないまでもちょっとしたスリルと大人気分を味わいました。

中学時代

受験勉強や担任の先生の助力のおかげで、私は母の希望でもある私立横須賀学院中学校に入学しました。当時私立中学校を受験する子どもは少数でした。受験に対して、何かはっきりした理由が親にあったのだと思います。私の母親は、「横須賀学院はミッションスクールだから、弱い者（人）を大事にしてくれる」と聞いているからだと、後になって話してくれました。また、市立中学に行くと「隆之は必ずいじめに遭うから」とも言っていました。親子のチャレンジは第一コーナーを回りました。

横須賀学院は横須賀市の繁華街から少し外れた場所に位置し、隣は「みかさ公園」で軍艦三笠が固定保存されています。学院の目の前は東京湾で三笠公園から泳いで四〇分ほどで猿島に行けます。私は初めて電車通学することになりました。私はその生活を六年間続けました。私は学院時代（高校生の時）に国語の先生の影響を強く受けました。その先生は〝文学青年〟のまま教師となり、授業中に〝文学〟の素晴らしさを得々と語りました。作家の話、小説の魅力等を教科書そっちのけで一時間語り続ける授業となりました。いつか作家になるんだと先生は思っていたようでした。私も小さい頃から本を読むことは好きでしたし、小学校時代には私が書いた作文、詩がよく教室の後ろの黒板に張り出されました。その先生の授業だけは毎時間真剣に聞き入っていました。そのおかげで〝文学〟に強い興味を持つようになりました。〝文学〟に対する眼を開かせていただいたのが横須賀学院での六年間でした。

大学時代

大学は家の近くの関東学院大学に入学しました。関東学院大学もミッションスクールでした。大学の入学式に合わせ、各クラブが思い思いの特色を出して校内に机を並べ新入生に入部を呼びかけていました。私は最初から憧れの〝文芸部〟に入部することを決めていましたので、何も躊躇せずに入部して、大学の授業そっちのけでクラブ活動に熱中し〝文学青年〟を謳歌しました。当時の文芸部員は二〇名ほどだったと思います。活動は月に一回の読書会、二ヶ月に一回の批評会等が行なわれていました。この活動の延長線上にメインの『燦葉文学』という歴史ある雑誌が発行されます。『燦葉文学』は戦前からあるクラブの雑誌で、この雑誌に掲載されるには、部員の作品を部を運営する役員が選考し、顧問の大学教授三人の選定を仰いで作品が決定します。結構由緒ある文芸雑誌でした。『燦葉文学』の発行は、選考委員のレベルに達した作品だけが掲載されるので、毎年発行されることもあり、また二、三年あけて発行されることもありました。私は三年生の時に運よく掲載されたので、その掲載された雑誌を今でも大切に保管しています。

私の大学時代は〝実存主義〟が流行していました。フランスのサルトル、シモーヌ・ヴェイユ、ポール・ニザン、カミュなど、ロシアのトルストイ、ドストエフスキーなどの作家の作品を読み、「人生とは何ぞや」と考え、仲間たちと議論しました。

日本の作家では川端康成、横光利一、三島由紀夫、江藤淳、大江健三郎、開高健、安部公房、高橋和巳、吉本隆明などの作家の作品を読み耽りました。私が大学二年生の時、新宿の紀伊国屋ホールで大江健三郎の講演会が毎月一回ありました。そこに私は横浜の外れから六回聞きに通いました。四年生の大学祭に文芸部主催の講演会の講師をお願いするために二人の部員で大江氏宅を訪れて交渉しました。玄関に現れた大江氏はズボンを引きずりながら幼い光さんを大事に抱えてにっこり笑い迎えてくれました。あの才気溢れる作家のイメージとはほど遠い姿で、私たちは安心すると同時に軽いショックを受けました。大江氏は、「先約が入っているので申し訳ない。ここに私の著書を用意したのでお持ちください」と言って、奥様から私たちに紙袋が渡されました。紙袋の中には大江氏のサイン入りの本が十冊入っていました。思ってもみない素晴らしい出来事に私たちはただ何回も頭を下げ、紙袋を宝物のようにしっかりと抱えて大江宅を辞しました。

その紙袋の中には当時の大江健三郎全集に入っていない『夜よゆるやかに歩め』の単行本がありました。

話は前後しますが、私が入学した当時の関東学院大学は経済学部と工学部の二つでした。男性がほとんどで女性はめったに見かけませんでした。私が三年生になった年に文学部が加わり、その中に社会学科も併設されて女子学生が多く入学してきたので、急に校内は活気づき華やぎました。文芸部にも女子学生が入部し、活動がより活発化する中で部員同士のロマンスも生まれました。当時の私たち学生のスタイルは「アイビールック」と称されました。多くの学生はショルダーバッグを肩から下げて、手には『朝日ジャーナル』か『平凡パンチ』のどちらかを持ち、細いズボンをはいて歩いていました。大学で多く見かけられるその姿を評して、一つのファッションとしての「カレッジスタイル」と呼ばれました。

この一見平和そのもので、高度経済成長の真っただ中で青春を謳歌していた私でしたが、〝政治の季節〟が徐々に近づきつつありました。一九六〇年に米国は南ベトナム政府を援助する目的で北ベトナムの南ベトナム解放民族戦線との戦いを始めていました。日本からも米軍の戦闘機が沖縄の嘉手納基地からベトナムへ爆撃に飛び立っていました。日本に在る米軍の基地を使用してのこの戦いは、日本政府も間接的に米軍を援助しているということでした。この戦況はますます激しさを増し、一九六八年になると米軍の原子力潜水艦が佐世保に入港したことに異議を唱える学生を中心としたデモが連日佐世保で行われました。一九六八年には横須賀米軍基地にも米軍の原子力航空母艦エンタープライズが入港するとのニュースが流れました。これら一連のベトナム戦争関連の流れの中で一九六五年に「ベ平連」（「ベトナムに平和を！市民連合」）が組織されました。私は、「エンタープライズ入港反対」の「べ平連」の集会が横須賀で行なわれることを耳にし、有志を募ってその集会とデモに参加しました。反対集会の会場には労働組合員、全学連の組織された団体の他に市民の人々も多数参加していました。その輪の中に入ってシュプレヒコールを叫び、私の意志を遂げました。このように社会が混沌として予断を許さない中に「七〇年安保」が近づいてきました。一九六八年に日大闘争の火蓋が切られると、明治大学、中央大学、東大へと火の手が移り、火の勢いは日本全国の大学に飛び火し、瞬く間に大学の存在が社会に問われることになりました。当時の大学闘争の起りは〝学費値上げ〟問題から発して、大学の運営における自治の在り方、研究者自身の学問に対する考え方が問われ、ひいては〝大学〟に関わる総ての人々の関心事となり社会を揺り動かす大問題となりました。

私が通っている関東学院大学にも一九六九年五月に火の手が上がりました。学費値上げの件から学生の待遇問題へと移り、おまけに学生寮の「青雲寮」から出火し、火の手はますます勢いを強めました。教授会との数回にわたる団交も話し合いがつかず、大学経営者との大衆団交を重ねても決着がつかず、学生大会を開いて、学生自治会を運営している「全学共闘会議」の提案した〝全学ストライキ〟が賛成多数で可決されました。

私はセクトに属さずに学生自治会の学生と日頃から親しく付き合っていたので、心情的にこの闘争をリードする彼らに加担していました。

学生アルバイト

大学一年から四年まで、夏と暮になると私は横浜高島屋デパートで配送のアルバイトをしました。盆のお中元、年末のお歳暮に合わせて、デパートではアルバイト学生を動員して数多くの注文品を一定期間内に捌くのです。当時の大学では学生課にアルバイト募集の紙が張り出され、学生がそこに見に行くシステムでした。アルバイト希望の学生は六月一〇日ごろに横浜高島屋のちょっとした面接を受け、学生証を提示すると採用されるのが通例でした。私の場合は、人事部の課長の面談による裁量で採用されました。その時に「しっかり頑張って下さいよ」と言われたことは忘れられません。アルバイト先には各大学の学生が集まり、皆じきに親しくなり、従業員の年齢は我々とあまり違わず気さくで、私はすぐに品物を仕分けする仕事に馴染みました。仕事場は夏はとても暑く、身体は汗をかいて塩を吹くような中で皆働きました。冬は特別に寒く、働く場にはストーブが休憩室にたった一個置いてあるだけでした。仕事中は体を動かしていないと寒さに負けてしまうので、皆仕事に集中しましたから成果は上がり、皆休憩室で暖を取るのが唯一の楽しみでした。六八年の暮のアルバイトの時に今ではあり得ない光景が見られました。当時各大学は〝大学闘争〟の真っただ中でした。高島屋配送センターで働いているのは東京の大学に通う学生たちと地元横浜近郊の学生が大半でした。学生たちの多くは皆顔なじみになっていたので、集まれば各大学の情報交換等をしていました。

学生たちの中には各大学の「全共闘」や「セクト」の学生が多くいました。学生たちは休憩時間に自然と〝大学闘争〟や政治、文学、映画、音楽などの話に花を咲かせました。寒い室内で、保温のために一人の学生がバッグの中から「中核」と書かれたヘルメットを取り出して被りました。すると周りの学生から「オーッ」と驚きの声が上がり、次に拍手が起こり、「異議なし」のシュプレヒコールが飛び出して、その場は盛り上がりました。その学生はそのままヘルメットを被って仕事を続けました。翌日は赤や青や緑色のヘルメットを被って仕事をする学生が現れ、まさにヘルメットが学生たちの自己表現として定着しました。大学闘争が社会を席巻する勢いの時でした。アルバイトが終わりに近づくと、高島屋の社員が学生のヘルメットを被って仕事をする光景も見られました。このように皆がヘルメット姿を楽しみました。その当時の学生のファッションとして、世相を反映した社会現象であったと思います。実に珍しく、とても愉快な体験であり、今では考えられない光景でした。当時において、他の場所で横浜高島屋配送センターのような光景が出現したとは未だ聞いたことがありません。私の大学一年時の一日のアルバイト代は六三〇円、四年生の時の最後のアルバイト代は一四五〇円になりました。私にとっても特別な印象でしたから記憶に留めておきました。

関東学院大学闘争

六九年の五月に始まった関東学院大学闘争は文学部がストライキのまま九月を迎えました。度重なる団交では全共闘会議と大学側が妥協する余地は見出せず、九月の中旬になると、全共闘はこれまでの闘争本部を自治会館から急に文学部に移し、一号館をバリケード封鎖して占拠しました。一号館が闘争本部の拠点になりました。この出来事は咄嗟の間に行なわれたので、学生の中からは賛否両論の声が上がり、反対派学生との揉み合い、いざこざが起こり緊張する場面をたびたび目にするようになりました。一つ情況が進むと周囲も新たな反応を示します。行き詰まった情況を切り開くための打開策としての戦術が双方に問われていました。学生たちは皆ゼミナールや授業、クラブの部室などで連日連夜意見を論じ合いました。大学機能がマヒするのが困るという意見の反対派学生、大学当局が学生の要求に何も応えていないのでもっと戦術を強めるべきだという賛成派の学生、さらに問題に向き合おうとしない学生に分かれました。こうした情況が膠着する中で、全共闘会議のメンバーの友人から私に一つの提案がもたらされました。その趣旨は、バリケード内で支持者、市民労働者等を招いて勉強会を兼ねた講演会を開催したい、バリケード内は解放区なので来場者の人々と交流の機会を持ちたいので協力してほしいというものでした。当時一部の大学で流行したバリケード内での講演会はいわゆる〝反大学〟と呼ばれていました。

　私はその当時文芸部の部長と文化クラブ連合会の顧問をしていました。これまでも〝全共闘会議〟のメンバーとは事あるごとに意見を交わしていましたので、お互いに知り合いの仲でした。私は彼らと自治会室で会い、今後の闘争の展望を聞き、占拠したバリケードの中の様子、建物の取扱いなどの説明を受けました。「〝反大学〟については初めての試みでとにかく開催したい。講師の件はリストを作ったのでうちの大学に合った講師の先生をお呼びしたい。今の情況を打破するためにもこの企画はぜひとも成功させたい」とのことでした。「我々は前に進まなければいけないので、勉強は必要と思っている」とアジテーションまがいに語りました。側にいたメンバーの仲間たちは「異議なし」と何回も叫んでいました。

　六九年一〇月に入ると、大学側は闘争収拾の方法を考えていました。大学側はその方策として機動隊を導入するための理由とその時期をいつ頃にするかを模索していました。闘争が一一月まで続くと大学機能が半年以上マヒすることになり、いろいろな面で支障をきたすため、大学経営者の手腕と責任を問う声が内外から出始めていました。一方の全共闘は、大学の要請を受けて各大学に機動隊がバリケード封鎖を解除していた事実に危機感を持っていました。機動隊の導入によって各大学の闘争は収拾されていく情況でした。六八年頃には盛んだった大学闘争の風向きがこの頃には変わり始めていました。私はすぐに講師の選定に取り掛かりました。バイト先でいろいろと情報を仕入れたことがこの時役に立ちました。六八年に勁草書房から刊行された『都市の論理』が話題になって本屋の店頭に平積みされていました。羽仁五郎先生の『都市の論理』は世の中で脚光を浴び、当時の学生たちにもよく読まれていました。私はうちの大学の学生にも刺激になるだろうと考え、この企画に相応しい人だと思いました。私は羽仁五郎先生に〝反大学〟の講師をお願いすることに決めたと全共闘の友人に伝えました。すぐに了解の返事をもらいました。

羽仁五郎先生のお住まいは横須賀市の秋谷にありました。私の自宅から秋谷までは一時間ほどの距離でした。六九年一〇月上旬、羽仁五郎先生のご都合の良い日に秋谷のご自宅でお目にかかりました。先生はその頃『都市の論理』の刊行が契機となって講演会の依頼が多数あり、忙しい最中でした。「一一月に入ると各大学の大学祭のシーズンでとても忙しいのだが、一〇月の下旬なら都合のよい日がある。そちらの準備もあるだろう。二五日前後でどうだろうか。関東学院大学のことは耳にしている」と気さくに話して下さいました。羽仁五郎先生が講演会を引き受けて下さり、私は大役を果たすことができて胸をなでおろしました。

羽仁五郎先生は講演会当日、バリケード内の講演会場に到着するや、持参した大きな紙袋からお土産のインスタント食品を大量に取り出して、全共闘の学生にプレゼントしました。すると会場から盛大な拍手が起きました。二時間にわたる講演会はあっという間に終わってしまいました。会場は興奮と熱気に包まれて、先生の話に皆酔い痴れました。先生からのメッセージは「悔いることない戦いと自己を最後まで貫いて下さい」と激励と力強い応援の言葉を賜りました。講演会が終わり、羽仁五郎先生に謝礼を渡すと、先生は謝礼を受け取らずに、「諸君たちの闘争に対する支援カンパだ」と言って会場を後にしました。先生は最後まで皆を圧倒し続けた数少ない文化人であったと思います。

六九年一一月に入ると、関東学院大学闘争はこれまでどおりの平行線のまま双方の歩み寄りはなく、いつ機動隊が導入されるかが学生たちの一番の関心事になりました。全共闘学生はバリケードを強固に補修する作業に励み、立て籠もる準備を着々と整えていました。

一一月二〇日、ついにその日がやって来ました。大学から要請された機動隊が一般学生を校内から排除し、次に一号館を取り囲んで学生の退去を求めました。機動隊員の後方には大学の経営陣、教授たちが情況を見守っていました。

全共闘学生は角材を振り回し、拾い集めた石ころを機動隊員めがけて投げつけ、屋上からは火炎瓶を投下しました。だが、機動隊の圧倒的な力でバリケードは解除されました。

バリケードの中にいた数人の全共闘の学生はその場で逮捕されました。関東学院大学闘争は機動隊員の実力行使によって全共闘学生は力及ばずして敗れました。六九年五月から始まった関東学院大学闘争は一一月に幕を下ろしました。六八年に始まった日本大学経済学部闘争に端を発した大学闘争は東京大学闘争を頂点に全国各地の大学に波及しました。各大学はいずれも機動隊員を導入し、全共闘学生を校内から排除して大学を正常化しました。〝学問の府〟としての大学に全共闘学生によって全国に吹き荒れた大学闘争は若者たちの視点から社会的価値観に反抗した叛乱でした。大人が社会の総てを支配することに対して若者が大人たちに異議申し立てを突きつけたのです。その表現方法は街頭デモでした。若者の熱き血が滾り、純粋な心が爆発した現れだったと思います。また大学のあり方に当時の学生は疑問を持ったのでした。ちょっと違うんじゃないの、お互いの時間を共有して大学自体を、日本の将来を語ろうよ、と大学人に呼びかけたのでした。一部の大学では学生の問いに真摯に答えた大学教授もいましたが、ほとんどの大学人たちは、学生の問いかけに何を思い、どう考えたのでしょうか。いまだに定かではありません。全共闘の主張は幻想だったのでしょうか。幻想だとしたらあまりにも無邪気な幻であったかもしれません。全共闘の闘いを通して私の心に灯りが灯りました。物事に対して何か変だな、それは違うと思ったら、直に行動に移すことが大切だということを私は学びました。行動することで周りが変わり、目的に近づけると思ったのです。

社会人

七〇年早々に二、三の出版社の求人に対して応募書類を提出しましたが、時期が遅かったせいもあり、すべて断られました。就職先を見つけないと両親に顔向けできない私です。これまで両親は私の身体のことを慮り福祉関係の仕事に携わることを勧めてくれました。私は全く両親の意に反する考え方をしていましたから、自分で就職先を見つけ出さなければなりませんでした。そんな折でした。以前東京で行なわれたデモ行進に参加した時知り合った中央大学院生の山崎さんから電話がありました。山崎さんは産経新聞社の臨時社員として働いていました。「白井君、何してる。もうじき卒業だろ。次に進む道はみつけたかい」と。私が「今、就職先を探しているところです」と答えると、「そうか、ほとんどの学生は皆、決まってしまっているものね。ああ、そうだ、産経新聞で近く臨時社員を募集すると聞いたよ。僕が部長に推薦しておくから、必要書類を僕の所に送って下さい」と言ってくれました。その年の三月に入ってすぐに、産経新聞東京本社の年鑑局に来るように連絡が入りました。

山崎さんの強い力添えが功を奏して、私はやっと両親に顔向けができ、両親ともども一安心しました。自分の希望に沿った就職は難しいかなと思っていた矢先に、私の所に守護の天使が現れて助けていただいたのでした。世の中は人との出会いと繋がりが大切だと教えていただきました。人を大切にするということは、自分が相手の立場に立って自分にできる最善の手を差し伸べることではないでしょうか。いろいろな人がさまざまな場面で困難に直面したときに、相手に寄り添える人間でありたいと私は思いました。当時も現在も障碍者の就職は大変厳しく、難しい状況が続いています。

私が配属された産経新聞社年鑑局は有楽町駅から歩いてすぐの数寄屋橋近くのビルの四階でした。年鑑局の仕事は、年一回の定期刊行物『産経紳士録』を編むことでした。当時オフィスには常勤の社員が五人ほどいて仕事を指揮し、その仕事に携わる、さまざまな年齢の男女五〇人がアルバイトとして雇われていました。

私は『紳士録』に掲載する、全国から集めた紳士の方々の名簿原稿の確認作業を担当しました。仕事の内容は、名簿に書かれている氏名、住所、経歴、現在の役職等を確認するために、相手の方に直接電話をかけることでした。このような作業を毎日、毎日繰り返し続けて半年以上経った頃に校了を迎えました。私にとっては生まれて初めての体験で、神経も磨り減り、体力も消耗しました。

『産経紳士録』は韓国で印刷にかけられて年の暮近くに出来上がってきました。出来上がった本を手にすると堂々として分厚く、タイトルは金箔文字で飾られていました。豪華で見事な出来栄えの本でしたから、私が携わった仕事とは思えませんでした。私はゲラ校正から関わり、その後数々の工程を経て本の形になりました。私は本の製作の現場にいて工程の複雑さに対応する技量の必要性を強く感じました。また出版の仕事は広汎な知識を伴う高度な仕事であると改めて知りました。出版は簡単にできる仕事ではないことを私は肌で知りましたが、いつか自分のアイディアで企画した本を出版したいと強く思うようになりました。『産経紳士録』は年一回の定期刊行物ですから、毎年発行しなければなりません。次の年の発行に向けて二月中旬からその年の掲載募集が始まります。そのために記者は新たに掲載すべき紳士を求めて全国各地に散って行きます。このようなことを毎年繰り返して『産経紳士録』は当時発行されていました。

書店勤め

七一年の三月に私は家庭の事情で産経新聞社を辞めました。その訳は、父親が脱疽《だっそ》の病に罹り、その病が進行して入院先での介護が必要となったのです。母一人での介護では父親と共倒れになる恐れが生じたので、母と私が交代で入院先の父親を介護しなければならなくなったのです。

私は無職になって収入が無くなりました。私には資格、免許というものがありません。おかげさまでただ健康な身体だけはありました。そこで早急に就職探しを始めました。自分で考えた結論は書店で働くことでした。理由は好きな本が読めて、好きな本に囲まれていられることです。家は追浜《おっぱま》でした。追浜駅の隣には〝追浜堂〟書店がありました。私は〝追浜堂〟のご主人に「私を雇ってください」と直談判をしに行きました。ご主人とは幼い時から顔馴染みでしたが、私が改まって「〝追浜堂〟さんに勤めさせて下さい」と言うとご主人が驚かれたので、私は事情を話しました。するとご主人は「少し考える時間を下さい」と言ってくれました。私は次の日も、その次の日も〝追浜堂〟に通いました。七日目にご主人から「明日から来るように」と言われたので、〝追浜堂〟書店で働くことになりました。

最初の日、八時三〇分に店に着くと、店のシャッターの前には取次店から送られてきたダンボール箱が山と積まれていました。ちょうどご主人が店の中から一か所のシャッターを開けたので、二人で一個一個ダンボール箱を開いて本を取り出しました。ご主人の指示に従って、私は本を分類してある棚に入れました。午後は、返品すべき本を棚から探して返品伝票に書き、ダンボール箱に入れて梱包します。これが返品作業です。夕方からは店売員として夜九時近くまで働きます。これが書店員の一日です。私は書店員の仕事を一〇ヶ月続けました。勤務中に本が読める暇な時間は一度もありませんでした。新聞、雑誌等で週一回または月一回紹介された書籍を私が注文し棚に置いても、都会の大書店と違い、注文した本が必ずしも売れるとは限りませんでした。〝追浜堂〟書店のお客さんは地元住民と近所で働く人たちです。〝追浜堂〟書店が長く商売を続けてきた訳は、いつも地元に密着した本を棚に置いている本屋さんだからだと私は初めて気づきました。私の注文した本はほとんど売れずに返品になりました。この体験は私にとって苦く、また出版事情を知り得た貴重なものとなりました。

七〇、七一年頃、街の本屋さんは忙しく活気がありました。週刊誌、月刊誌が毎日書店の店頭に山のように積まれていました。発売された雑誌はすぐにお客さんに買われ、品切れになる雑誌もよくありました。社会的に大きな話題になった事件などが週刊誌に掲載されると、いつもの倍の数を揃えても足りなくなってしまうことがよくありました。活字が幅をきかせた時代でした。

婦人雑誌、中学・高校生向け学習雑誌は多種類発行されていました。これらの月刊誌は付録に特徴がありました。各社の婦人雑誌の新年号には家計簿を主としたさまざまな付録がついていました。付録を本に挟むと雑誌が分厚くなって、紐で梱包する手間もかかり、作業が深夜まで及びました。朝早く店に出て梱包した雑誌を店頭に山積みするのも一苦労でした。山積みした婦人、中学・高校生向け学習雑誌は三〜四日で売り切れになりました。当時のお客さんは雑誌を必要としていました。雑誌はお客さんの求めに応じた内容等でその役割を十分に果たしていました。このように出版業界が活気に満ち溢れた時代でした。その代表ともいうべきマンガ週刊誌は『少年マガジン』、『少年サンデー』、『少年ジャンプ』でした。読者は子どもから学生・大人まで毎週楽しみに読んでいました。マンガ週刊誌は店頭の一番目立つ場所に置かれ、毎週飛ぶように売れました。マンガ週刊誌を買ったお客さんの多くは、欲しいものを手に入れた喜びに笑顔を見せました。

障碍者の会社

七二年二月頃、母がラジオから流れてきたニュースを私に話しました。「東京の初台にある『日本アビリティーズ社』が社員を募集しているよ。そこは障碍者を主とした会社で、今度新たな事業部を開設するそうよ。行ってみたら」と母は言いました。障碍者が主体の会社があることを私はこの時初めて母から聞きました。どんな会社か見てみたいと思ったので、私は初台にある会社に出かけました。当時「日本アビリティーズ社」はカトリック初台教会の敷地内で印刷の請負業務を行なっていました。一二人の従業員のうち障碍者が半数以上いて、印刷の仕事に従事していました。伊東社長の面接では、「新しい事業部を立ち上げることになった。名称はブックサービス事業部です。米国から洋書を輸入して、その販売を行なう仕事です。本を持ち歩く営業ですね」との説明を受けました。さらに「白井君、今度の職種は障碍者にとって日本で初めての仕事だよ。障碍者が営業販売に携わることは今までになかったからね。障碍者にとっての新たな職種の開拓だよ。まさにアビリティーだよ。我が社のモットーである、可能性への挑戦ですよ」と熱く語りました。伊東社長の情熱に応えるためにも、私自身の可能性を追求するためにも、私は日本アビリティーズ社に入社しました。新しく開設された〝ブックサービス事業部〟は三人で始まりました。私以外は女性で、三人とも障碍者でした。

〝ブックサービス事業部〟の最初の仕事は超豪華な聖書でした。一六一一年に英国王ジェームス一世が作らせた『欽定英訳聖書』の復刻版でした。私は美しく装飾された聖書を開くと、イエスの生涯、伝道、奇跡の話、譬え話等の箇所が有名な美しい宗教画で編まれていました。この聖書は主にカトリック教会のミサを行なう講壇の中でシンボリックな飾り物として使用されているのでした。しかもこの聖書は英文で書かれています。一般の信者さんには見て楽しんでもらうしかありません。この聖書の販売価格は社内で検討した結果、一冊三五〇〇〇円に決まりました。

『欽定英訳聖書』は誰が、どこで必要とするのか、私には全く当てがありませんでした。この時私が漠然と思い浮べたのは、キリスト教系の学校で買ってもらえるだろうか、ということでした。値段が高価なだけに売る自信は全くありませんでした。おまけに私が本格的に営業を行なうのは今回が初めてでした。私にとってはすべて初体験になるわけです。とにかく動き始めなければなりませんでした。私は「見る前に跳べ」の心境で『欽定英訳聖書』とそのチラシを鞄に入れました。「ポケット地図」を頼りに、私は都内にあるキリスト教系の大学を訪ねました。私は、青山、立教、明治学院、上智、聖心、白百合の各大学を回り一〇日間かけて営業を行ないました。各大学の宗教センターで図書担当者に会い、まずチラシを見せ、次に『欽定英訳聖書』を取り出して見てもらうには、素人営業の私には時間が必要でしたが、全く売れなかったわけではありません。上司の人に見せて検討した結果、『欽定英訳聖書』を電話で注文してきた親切な担当者もいました。「犬も歩けば棒に当たる」という諺があるように。また商売は商《あきな》いというがごとく、あきないで続ける、飽きることなく最後までやり通すことが肝心です。私は営業イコール商いだと痛感しました。それに営業はお客さんを求めて外でする仕事です。私は営業範囲を広げるためにキリスト教系の学校に足を運ぶことにしました。都内と近郊のキリスト教系の中学・高校の数は六〇校ありました。私はとにかく足で回ることに徹しました。

『欽定英訳聖書』は、カトリックの学校では私が思っていたよりも多くの注文をいただきました。シスターの先生方はこの聖書を手に取って見て、学校や修道院に宝物として置くのに相応しいと高い評価をくださいました。『欽定英訳聖書』の営業を始めて四ヶ月ほど経過すると、注文は四〇冊を超えました。〝ブックサービス〟事業部は存続していました。次のターゲットは、開港の後、明治時代にキリスト教がいち早く伝来し創立された、横浜に所在するキリスト教系の学校です。私の地元ですので、私は『欽定英訳聖書』の重いのも忘れ、張り切って各学校を回りました。

横浜港が一望できる公園の近くにフェリス女学院があり、石川町から続く急な坂道の階段を上りきった場所に横浜共立女学園があります。どちらの学校も名門校です。フェリス女学院中高等学校聖書科を訪ねると、和服姿の川村菊枝先生が現れました。明治時代の凛とした女性を彷彿させる先生でした。私は額に汗を吹き出していました。

先生は、「こんな重たい本を持って坂道を上ってきたのね。よく来たわね。大丈夫」と言って、私の手を取ってチャプレン室に連れて行きコーヒーを出してくれました。

一息ついた私に先生は、「白井君は身体が不自由なのに、なぜこの仕事に携わっているの。こんな大変な仕事に」と尋ねました。私は日本アビリティーズ社の説明をし、「障碍者が商品を持ってお客さんにセールスをするのは初めての試みです。私はこの仕事を始めて六ヶ月近くになります。会社のモットーは〝可能性への挑戦〟ですので、私もチャレンジしているところです」と言いました。

次に先生は「あなたはクリスチャンですか」と聞かれ、「私は中学校から大学までミッションスクールでお世話になりました」と言うと、先生はニコッとして、「どこの学校ですか」と尋ねられました。「横須賀学院と関東学院大学です」と答えると、「そうなの、私はよく知っていますよ」と言われました。

先生は『欽定英訳聖書』をゆっくりとご覧になり、学校の図書館と礼拝堂の備品として二冊注文してくださいました。別れ際に「他の学校に行ったら、フェリスの川村がこの聖書は素晴らしいと言ったと言いなさい。白井君と会社の皆さんのためにお祈りしますよ」とおっしゃいました。玄関前で先生と握手して別れました。私が階段の途中で振り返ると、先生は手を振って見送ってくれました。川村菊枝先生との出会いは私のセールスの力強い励ましと支援になりました。行く先々の学校で聖書科主任の先生にお会いし、挨拶の際に「フェリスの川村菊枝先生からご紹介を賜りました」と言うと、先生方は怪訝な顔をしますが、「とりあえず、部屋にどうぞ」と言って中に入れてくれました。私が川村先生との経緯を話すと安堵されて、セールスの仕事ができました。その結果、横浜近辺のキリスト教系の学校でのセールスの成績は上々の出来となりました。そのうえこうした学校の聖書科主任の先生との出会いは後に私の生涯を決定するものとなりました。扱う商品は『欽定英訳聖書』ですから、お客さんが限られてきます。キリスト教関係の団体、もしくは個人がその対象です。クリスマス時期になると、教会と牧師さんから注文が入り始めました。私は注文の裾野が広がっているように感じました。〝ブックサービス事業部〟は開設から一〇ヶ月が過ぎていました。三人の社員の働きで『欽定英訳聖書』の注文は一四〇冊に達していました。

新年を迎え、社内会議で伊東社長は社員三人に「第二弾目の商品の販売に着手するように」と言われました。またもや洋書を扱うことになります。『欽定英訳聖書』と同じ路線の『クリスチャン・ノウレッジ』という三巻本で、価格は二万円です。この本はクリスチャンが知っておくと便利な生活上の聖書の知識をわかりやすく、豊富なイラストを交えて説明しています。西洋人にとってキリスト教は生活の一部になっていますが、日本人のクリスチャンはほんの少数の人たちにすぎません。私は今回の本の販売は最初の本よりさらに難しく感じました。社長の方針で〝ブックサービス事業部〟はこの先も洋書のセールスをずっと続けるとのことでした。障碍者が初めての仕事として試みている本のセールスに、私は意義を感じていましたが、この仕事をずっと長く続けることで将来の展望が開けるならば遣り甲斐のある仕事だと思います。ただ、その場の対応だけであるとすれば、私は「骨折り損の草臥れ儲け」にすぎないと思うのでした。

七三年三月に入ると、『クリスチャン・ノウレッジ』のサンプルを入れたバッグは重たさを増しました。私はキリスト教会に的を絞って訪ねることにしました。私は大教会と呼ばれるカトリック・イグナチオ教会、カトリック関口教会などを回りました。この教会は『欽定英訳聖書』の注文を前回頂いていました。その時に知り合った神父さんに『クリスチャン・ノウレッジ』を見せても、反応は今ひとつで、「白井君、この本を教会の図書館に置くのは無理ですよ。英語で書かれているでしょ。この本を読める人はごく少数ですよ」と言われました。他の教会にセールスに行っても、ほとんど同じ反応でした。『クリスチャン・ノウレッジ』が売れることはごく稀でした。売れた理由といえば、重たい本を持ってセールスに来た人が障碍者であったので、お客さんの心に憐れみが芽生えて本が売れたということかもしれません。だとすれば、それは決して良いことではありません。私としては人の同情を得るような形で本が売れるのは嬉しいことではありません。このような形でしか本が売れないならば考え直す必要があると思いました。社内では本が全く売れないよりは、どんな形でも売れるほうが良いという意見も多くありました。そこに甘えがあるように思えて、私はその意見には納得できませんでした。

三ヶ月過ぎても『クリスチャン・ノウレッジ』の注文は二〇冊に達しませんでした。セールスマンはお客さんにとって必要と思われる品物を紹介するのが基本だと思います。お客さんは良い品物だと思えば買います。お互いに喜びを感じれば、セールスマンはさらに意欲を出して仕事に励み、人間的にも成長を遂げることができるでしょう。セールスで品物が売れない理由はセールスのし方にあるのか、品物がお客さんの必要としないものなのか、どちらかであると思いました。『クリスチャン・ノウレッジ』という本がお客さんに必要とされるものではないように思えてきたので、社内の会議で、「この本は、お客さんの多くが必要としない商品と思われるので、セールスを中断したい」と、営業の経緯に基づいて意見を述べました。

社長は「あと一ヶ月様子を見てから決めましょう」と言いました。

私はこの際に「ブックサービス事業部は、これから先どのような仕事をしていくのですか。今と同じように商品の販売を続けていくのですか」と質問しました。

社長は「今までどおり商品の販売をやっていくつもり」だと答えました。

私が「このまま今の仕事を続けていくと、損失が大きくなると思いますが」と言うと、社長は「セールスを頑張って、損失を出さないようにしてください。ブックサービス事業部の存亡がかかっているからね」と言われました。

私はこのまま同じような仕事を続けよと言われても、やる気が出ませんでした。この先今の商品が売れるという見通しが立たないからです。私は新しい商品を販売することになれば仕事が楽しくなると思いました。またブックサービス事業部の将来についての展望を社長から聞くことができれば、苦しくても引き続き頑張って仕事を続けようと思いました。けれども、社長から期待した言葉はありませんでした。ブックサービス事業部は、三人の奮闘で二年目を迎えましたが、業績は良くならず、維持するのがやっとの状態でした。日本アビリティーズ社自体の経営状態も良いとは思えず、ブックサービス事業部に新たな梃入れをしてくれる余裕など考えられませんでした。仕事がうまく行かなくなれば、ブックサービス事業部は解散することになります。

社長からの新たな提案は何もないまま、無駄な営業を続ける毎日でした。商いは飽きないことだと思ってはいても、商いをして成果が上がらない日々が続くと、私は自分の将来を考えるようになりました。すると私は、高校時代に〝文学〟に目覚めて以来ずっと本の関係の仕事に携わってきたことに改めて気づきました。暗い夜空に星が輝くように私の頭の中に〝出版〟の二文字が燦然と現れました。私は思い出しました。そうだ、私の望んでいた夢は〝出版〟だ。私の夢である〝出版〟こそが可能性への挑戦に値するものだと強く思いました。

出版の道へ

私は七三年八月に日本アビリティーズ社を辞め、また無職になりました。日本アビリティーズ社にお世話になったおかげで、私は生涯を懸ける〝出版〟業の世界に入ることになったのです。日本アビリティーズ社は私に大変大きなプレゼントをくれました。私に営業という大切な技が仕事をしていく上で必要だと教えてくれました。私は、〝出版〟においてもこの営業力を発揮していかないと、吹けば飛ぶような出版社は長続きしないと感じていました。私は時間を自由に使える身なので、ゆっくりと今まで歩んできた道を振り返りながらいろいろと考えました。結論としてはキリスト教関係の図書を出版することになりました。私が勝手に出した結論であって、そのことを実行するのも全て自分であり、私が動かなければ何事も前に進みません。

私は状況を動かすためにも、自らを奮い立たせて、横須賀学院時代にお世話になった河井希充先生を訪ねました。先生は聖書の科目を担当する、聖書科主任でした。

先生は、「白井君、元気そうだね。改まって何の用事だね。仕事はうまく行っているの」と言われました。

私が「仕事の件でご相談に伺いました。今までの会社は辞めました。これからの自分の身の振り方を考えたら、出版業をしたいという思いに至り、先生にご相談に伺いました」と言うと、

先生は「出版社で知っている会社はあるが、自分で出版社を始めたいというのだね。出版とはどういう仕事か分かっているのかい。どういった分野の本を出版したいと考えてい

るのかね。出版したい本の当てがあるの」と言われました。

私は「はい、学院時代に〝文学〟に関心を持ち、大学は文芸部で活動し、産経新聞社で紳士録を作り、書店で働き、洋書の営業をやってきました。ここまで全て本に関わりがありました」と答えました。

先生は「本に関わりがあることは分かったが、実際に本を作るのは大変な仕事だよ。仕事の中でも難しい分野に入ると聞いている。君が行っている教会の白根先生の考えは」と言われました。

私が「明日、白根先生にお会いします」と言うと、
河井先生は「白根先生と三人で会いましょう。白根先生に会ってご意見を伺ってきなさい」と言われました。

私は河井先生にお礼を言い、次の日、白根先生に会いに行きました。

白根先生は、「出版ですね。白井君が決めたのなら、それはいいことだね。どのような本を出版するんだい」と言われ、私は「キリスト教関係の本を出せれば」と答えました。

先生が「そうかい、キリスト教関係の本かい。本の内容と書く人は決まっているんだろう」と言われたので、私は正直に「まだ決まっていません。そこのところをご相談したいと思います」と言いました。白根先生は「河井先生といっしょに考えましょう」と言って

くれました。

一週間後、横浜中華街のお店で、鈴木和男（田浦教会牧師）先生が加わった四人で会合を持ちました。先生方は私の考えをよく聞き、理解してくださり、私の将来のことも心配してくださいました。その会合では先生方三人ともキリスト教系中高の聖書科で使用できる副読本を制作することに意見が一致しました。河井先生、白根先生は長年の授業経験を基に、聖書が少しでも学生の身近なものになるようにと考えていました。次に河井先生、白根先生はアイディアを持ち寄って、さらに工夫をこらした、今までにない見事な内容に仕上がった原稿がその年のクリスマス近くに出来上がりました。

クリスマス会を兼ねた、前回と同じ横浜中華街のお店で四人が顔を揃えました。先生方は制作における大変さや難しさは一言も話さず、「クリスマス前に事を終えたので一息つけてよかった。これでクリスマスを迎えられる」と言い、いつもの顔に戻っていました。最後に白根先生が神に感謝の祈りを捧げ、「皆の思いが一つになり、本の原稿が完成しました。後は全て神様に委ねます。白井君の行く末をお守りください」と言って閉会になりました。

私は先生から頂いた原稿を大事に家へ持ち帰りました。母にその原稿を見せると、母は「神棚に上げなさい」と言って、原稿を神棚に上げた前で柏手を打ってくれました。忘れられない思い出です。

最初の刊行図書

最初に刊行した記念すべき図書は『白地図・聖書科ノート』です。この本の奥付を見ると一九七四年四月発行とあります。翌年改訂版が出て、今日まで四三年間使用されている『聖書ノート』になりました。「この本なくして燦葉出版なし」とも言うべき〝我が愛しの銘本〟です。

出版という商売は昔から〝水商売〟と言われています。私はその中で、とりわけ地味で馴染みのない、難解な世界に属し、世間的でないことを良しとしているキリスト教書を出版したのでした。

今日になってもこのことは不思議でなりません。クリスチャンだからとか、いろいろ考えますが、一つはっきり言えることは、両親が私に惜しみなく愛情を注いでくれたからだと思います。

私の命懸けての出版事業が始まりました。

河井、白根先生のご尽力、願いと祈りの内に生まれた『白地図・聖書科ノート』。初校が出てきた時は嬉しくてたまりませんでした。

私はプロになったわけですが、この時は、まだプロとしての自覚と技量が伴っていなかったと思います。本の制作に必要な編集作業は素人の域を出ていませんでした。初期の頃は、校正ミスなどして、著者の方々に大変なご迷惑をおかけしました。失敗はよくないことですが、自分の実力がはっきり分かるバロメーターです。実力を上げるためには一生懸命努力し、飽きずに一つのことをやり続けることではないかと思います。

私は校正ゲラと原稿を大事にショルダーバッグにしまい、意気揚々と著者の先生の自宅に向かいました。

初校は著者に見ていただき、二校、三校と私が見て仕事は進んでいきました。

青ヤキ校正が出る前にハクビ印刷の植田氏は、いつもの喫茶室で「白井さん、この本は何冊印刷するんですか」と言われました。

私は「五千部、印刷してください」と大きい声で言いました。

すると植田氏は驚いて私の顔をじっと見つめ、「本当ですか。そんなに売れるんですか、大丈夫なんですか」と言い、五千部という数が信じられないようでした。

「大丈夫です。とにかく五千部印刷してください」と私が言っても、なお植田氏は怪訝な顔をしていました。

私が五千部と言った理由は、この本を学校で使用してもらえるように、著者の紹介状を持って、著者の知人の先生方を訪ね歩いた営業活動の結果でした。

まだ見ぬ恋人に会える日がとうとう来ました。前日から落ち着かない私でした。ハクビ印刷の事務所で待っていると、植田氏が製本屋さんから、今しがた製本されたばかりの『白地図　聖書科ノート』を三〇〇冊持って現れました。

「白井さん、出来上がりましたよ。はい」と言って、差し出してくれました。

「ありがとうございます」

私は刷り上がったばかりの図書を持って両先生のご自宅に伺い、手渡すことができました。お二人とも大変に喜ばれ、感謝の熱い祈りを賜り、励ましていただきました。

翌日からは朝早く家を出て、横浜、東京にあるミッションスクール（中学・高校）の宗教主任の先生を再度訪ね、『白地図　聖書科ノート』を見本として渡し、新年度より聖書科で採用してくれるよう集中的にセールスを行ないました。

幸い教材を決定する時季に間に合い、図書は好感触を得て、採用校が予想を上回る、嬉しい結果となりました。当初の部数を超える数となり、驚きのうちにこの図書の素晴らしさを再認識しました。また当時の世相として、新しい物（者）を受け入れ、共に支え合う気風が社会にあったと感じています。

私は多くの体験を通してそれを実感いたしました。その一例として、私がいつも忘れずにいることを記しておきます。

高円寺の事務所は形だけでしたから、新刊書を置く場所もなく、横須賀の自宅の庭にプレハブの物置を建て、そこまで東京から運ぶという状態でした。ハクビ印刷の植田氏が、仕事の暇な土曜日にライトバンに本を詰め込み、横須賀の自宅まで親切に運んでくれました。自宅は少し小高い所にありましたから、車の駐車可能な場所を探し、そこからリヤカーに積み直して、前と後ろから二人で運び上げる、大変な作業です。それを十回ほど繰り返してやっと終了します。二人はもうバテバテになってしまいました。終わった後で飲んだビールは、何とも言えず美味い味がして、忘れられない思い出です。今でも心から感謝しています。

本を出荷する時は逆の作業でした。幸い幼馴染の友や中学・高校時代の友人が近所にいたので、彼らの都合に合わせて時間を取ってもらい、注文先に納品に行きました。都内の学校には植田氏に納品を手伝ってもらい、横浜の学校には家から友人の車で納品をしてもらう、私は目的地までの道順を示す案内役をしておりました。このように力強い助け人がいたおかげで仕事は順調に進み、三月下旬頃には初版の五千部は残り少なくなり、二刷日が必要となりました。

四月の新学期が始まると、都内の学校から追加注文も入り、遠く仙台の学校からも注文が入って嬉しい悲鳴を上げ、喜びに満たされました。これが出版冥利に尽きることでした。

植田さんに三千部追加の発注をし、助け人の協力のおかげで出版社は荒海の中航海を始めました。後になっても助け人には、新刊書の引き取り、納品等運搬作業に惜しみない支援を賜りました。彼らの協力があったればこそ出版社が存続できたと言っても過言ではありません。友情に感謝です。

荷物を配送するには、当時は今のような宅配便などはなく、自宅で荷物をしっかりと梱包し、荷札を付けて当時の国鉄の駅まで持っていかなければならない時代でした。

編集者誕生

四月の下旬になると『白地図　聖書科ノート』は、来年度のための準備を開始しました。

一つ目として、この図書を全国に知らせるべく、すべてのミッションスクールに送付しました。二つ目は、この図書の内容を充実すべく、新たな著者を獲得する仕事でした。私は河井・白根両先生と横浜中華街で打ち上げの〝感謝会〟を開きました。その折に、この図書を充実させるには、新たに若き精鋭の書き手が必要という結論にいたりました。

両先生から候補者となる人物を推薦していただき、次回は編集会議ということで、人選と執筆の依頼は私の手に託されることになりました。私は出版社で最も大切な〝編集者〟の一歩を歩み始めることになりました。

私にとっては、学生時代から憧れていた〝編集者〟の仕事です。まだお会いしたこともない先生ばかりでしたし、自分にこの仕事ができるのか不安にもなりました。が、前向きに考え、常々そうしているように、〝あたってくだけろ〟の精神でやるしかありませんでした。失敗を恐れることなく、失敗から学ぶことが重要だと感じています。

五月中旬までに、推薦された先生方の専門分野と業績を調べ、最小限度の知識を得てから、学校で、あるいは教会でお会いすることができました。それぞれの先生は図書をすでに知っていたので、ご感想をいただきたいと、私は〝生意気〟にも言ったように記憶しています。最後に、「この図書を先生のお力でよりよい図書にしていただきたい、と著者の先生からも言われておりますので、よろしくお願いします」

このようにうまく言えれば良いと思いますが、当時はただ無我夢中で、相手に自分の気持ちを伝えたいと、ただそればかり一生懸命だったと思います。

幸いにも、私の気持ちを快く受け取ってくださった先生が三人も現れて私はほっとしました。その三人は海老坪先生、今橋先生、小石川先生でした。

六月下旬に〝顔合わせ〟と称して五人の先生方が集まり第一回目の編集会議が横浜中華街で行なわれました。本が出来上がった経緯や意図が語られ、今後いかに内容を充実するかを熱く語り合う場となりました。この場の空気を忘れないためにも、次回の編集会議は、全員の考えで七月中旬に開催することになりました。

七月に二回目の編集会議が開かれました。今回まで四二年にわたって親しまれている『聖書ノート』の名前と内容が決定された、重要な意味を持つ編集会議でした。ここで決定した内容等をそれぞれの先生方が担当し、約束の期日までに原稿を仕上げることで終了しました。

一九七五年早春、五人の先生方の熱意と想いが一つになり、名前と内容を一新して『聖書ノート』が誕生しました。

全国学校巡り

話は少し前後しますが、『白地図　聖書科ノート』の改訂版の目処が立った九月下旬に、将来の仕事に必ず役に立つと思い、私は全国の学校を巡る取材の旅に出ました。

すでに新刊図書を全国のミッションスクールの宗教主任の先生宛てに送付してありました。これまでに八千部近く採用された実績に意を強くしていました。

何となくロマンを感じさせる北帰行。北の大地の都市札幌を目指し、カバンの中には自慢の、自らの分身ともいえる『白地図　聖書科ノート』を入れ、まだ見ぬ地へと旅立ちました。

札幌駅に降り立ち南口に出ると、ワシントンホテルの高いビルがあるだけで、遠くまで見渡せたことが忘れられない記憶として残っています。すぐに札幌市内の地図を買いました。

出発前に先生方にお知らせのハガキを出しておいたので、私は翌日、駅前の旅館から電話をして面会を求めました。

当時は今と比べると時間に余裕があったと思います。札幌の街の人の流れ全体がゆっくりと力強く動いていたと記憶しています。まだあちこちに戦災の跡のバラックの家々が立ち並んでいました。また、抜けるような真っ青な空の下、屋根のとんがった家々が北国の雰囲気を醸し出し、異国情緒を感じさせてもくれました。

札幌にはカトリック系学校が三校、プロテスタント系学校が三校ありました。各校（大学も含む）の宗教主任に面会し、授業内容、使用している教科書及び教材等を尋ね、現場の状況を知る第一歩となりました。『白地図　聖書科ノート』の感想を尋ねると、「作業させながら知識を学ぶためには、もう少し資料が入ると良い。企画としては面白い」と言ってくれる先生方が大部分を占めました。

最後に「今後どういった教科書、教材を必要としていますか」と尋ねると、「当分は今使用しているものでよい」、「自分でノートを作っているから必要はない」、「新しい教科書を必要とする」という話に分かれました。今日も当時とあまり変わらない情況と言えます。四十年の間に各出版社から多くの教科書が出版されました。が、今日も現場サイドで教える内容に変わりはありません。ただ、大事な要素としては、活字離れが進んでいる今日、この世界にもビジュアル化した本が必要とされていると思います。

旭川にも足を延ばし、室蘭、函館と回り、最後に仙台に寄って十日間の旅は無事終了しました。この旅で得た出会いと学びは貴重な財産となり、後に刊行した『図説　歴史の中の聖書』を生み出しました。『聖書ノート』と『図説　歴史の中の聖書』の刊行は、キリスト教関係図書の出版業界に新鮮な風を吹き込み、大いなる刺激を与えたと思います。

日本橋

出版社を始めて二年目（一九七五年）の春、運良く今日まで営業している日本橋に居を構えることができました。本町にある恵比寿ビルは、三階建ての瀟洒な英国風の建物でした。この辺は戦災から免れた明治、大正時代の建物が残っている場所で、ビルは薬品問屋街の一角にありました。本格的な事務所を確保できたので、文化を発信する仕事に今まで以上に精進し、飛躍しようと決心しました。

『聖書ノート』改訂版も好評の流れを継続し、使用校は全国的に広がり、驚くほどの伸びを示しました。

教材出版に活路を見出したのですから、次に企画を立案するのも教科書及び副読本ということになります。

二匹目のドジョウを見つけるのにはあまり苦労なく、思ったよりスムーズに事が運びました。一九七五年十月に刊行した図書は、『図説・歴史のなかの聖書』です。

特に銘記しておきたい事柄は、この本が現役バリバリの先生方の共著で、しかもオリジナルの書き下ろし原稿であったことです。この本が他の出版社に大きな影響を与え、後に教科書作りの競争が始まることになりました。

『図説・歴史のなかの聖書』は、松本富士男先生なくしてこの世に存在することはありませんでした。松本先生は執筆、編集に若き情熱を傾けてくださり、学問的水準を維持しながら、専門分野の事柄を図説化した手法は見事な成果でした。意図した図書は充分すぎる内容となり、多くの人々の〝座右の書〟となりました。

さらに秋吉輝雄氏が加わり補充改訂し、この本は一九九七年四月、補充改訂版『図説・

歴史のなかの聖書』としてより一層充実し、今日まで愛読されているロングセラー本となっています。『図説・歴史のなかの聖書』は大学・短大の教科書として、当時の市場を席巻するほどでした。

出版という仕事は本を作ることです。そのための編集作業（原稿整理・割り付け）と製作工程（印刷・校正・製本）とがあります。その前に基となる企画と人（著者）との出会いがなくてはならず、それなくして本が世に出ることはありません。

中でも一番大切な要素は、人との出会いにあると言えます。人なくして何もなしです。

マザー・テレサ

年間刊行した図書をバッグとリュックに詰め、全国の書店を訪れるのは、非常に忍耐のいる大事な仕事です。この仕事をしなければ、版元の本は本屋さんから消えてしまいます。日本の高度成長真っ盛りの頃、多くの人間がもっと豊かにと願って昼夜も問わず働いていました。そんな七六年、私は書店に顔を出して、店内を見て回っていると、小さな棚の宗教書コーナーで、一冊の本に目が留まりました。表紙に修道女が描かれていました。その本は女子パウロ会発行『マザー・テレサ』―すばらしいことは神さまのために―マルコム・マゲッリッジ著・沢田和夫訳でした。私は、その本に引き寄せられ買い求めました。

その時初めて〝マザー・テレサ〟に出会いました。

インド・カルカッタでのマザー・テレサの働きが感動的に描かれていました。私は凄い修道女が外国にいるんだなと思いました。その本の中でマザー・テレサが「貧しいことは神さまのために」と語った言葉が一番印象に残りました。あまりにも日本と懸け離れ違いすぎる世界、どう理解したらいいのか見当も付かず、さすが本物のクリスチャンと舌を巻きました。だが一方では、神さまの計り知れない想い?………を考えさせられました。

その日から〝マザー・テレサ〟に関心を持ち続けていました。

七七年頃、マザー・テレサ〝神の愛の宣教者会〟は、活発な活動を世界に展開していました。

当時私は、〝寄せ場交流会〟の集会に参加して、横浜寿町の人達と仲良くしていました。七七年寄場交流会の集会で、来年東京に〝神の愛の宣教者会〟ブラザーズセンター開設が、計画されていることを耳にしました。そこで私はもっと詳しい話を知りたくて、情報を集めました。ブラザー達を支援している人達と会える日が暫くしてやって来ました。

支援メンバーの人達はまだほんの数人たらずでした。ある日〝マザー〟を日本に呼びたいという人達の集まりが中野で開かれました。

参加者は長尾広吉氏の家に数名集い、祈りのもとに色々と真剣に話しました。一息入れた所で、吉沢雄捷氏が大きな厚い写真集『マザー・テレサ』を開きました。本はカラー写真とモノクロ写真で、マザー・テレサと姉妹たちの活動を詳しく、紹介した素晴らしい本でした。私は感激しくい入るように本を見つめました。

その場の話は本に話題が移り、その本の出版に話が盛り上がっていきました。長尾氏は、「出版したいが、この本は大きくて費用がかかり過ぎる。ここにペーパーバッグの本があるので、これならいけるでしょう」と私を見つめて言うのでした。全く思ってもみない出来事が始まりました。

二年前に初めて〝マザー・テレサ〟の本と出会い、いつか出版できるなら、と私は淡い期待と夢を持っていました。ペーパーバックは七六年に、著者デスモンド・ドイグと記されて刊行されています。本の中に貴重な写真がカラーとモノクロで三十枚程入っています。デスモンド・ドイグ氏は、インドの一流新聞社ザ・ステーツマンの記者です。彼が駆け出し時代から、マザー・テレサを二七年間に亘って取材した記事をまとめた本です。この本の一番の特徴は、財政的に豊かな修道会の安全な生活を捨てて、カルカッタの貧しい街で、生きる決意をしたマザー・テレサを最初に書いたジャーナリストです。当時マザー・テレサは自分の取材、報道をほとんど許さない時でした。

この当時（七六年）に、何故マザー・テレサの本を刊行出来たかをマザーは語っています。

「ドイグ氏と私との深い友情と私の仕事に対する深い理解に基づいていたものである」と。

ドイグ氏も「私が書きたかったのは、マザー・テレサとカルカッタ、そして最近では、マザー・テレサと世界の間に相互理解があるということである」と言っています。その言葉どおり、私の最も好きな場面を引用します。

「金曜日。………〝医療施設〟になる適当な家を探しに足が棒になるまで歩く。家を求め、食べ物もなく、健康に蝕まれている彼らは、どんなにつらいことだろう。ロレット修道院の居心地のよさに、私は誘惑されそうだ。神よ、私は自ら求めてあなたの愛に応じて、あなたの私に対する聖なる意志の命じるままの自分でありたいと思う。今この瞬間に、私に勇気をお与え下さい」。

当時（七八年）、日本においてマザー・テレサに関心を持った人達といえば、カトリックの一部の人達、映画「マザー・テレサとその世界」女子パウロ会（七九年）を制作した、千葉茂樹氏ぐらいでした。

マザー・テレサの来日を知らされたのは、八〇年一〇月中旬だったと思います。とうとう皆の願いがかなう日が決定し、夢見た人マザー・テレサに会えるのです。マザー・テレサ来日に合わせ、編集者の大見君はこの本の出版の準備をしていました。

「マザー・テレサ来日記念出版！」「一九七九年度ノーベル平和賞受賞！」と銘打った本は、最後までタイトルをどうするかと決めかねていました。青ヤキ校了した時思い浮かびました。『マザー・テレサ　神の愛の奇跡』岡村和子訳。八一年四月十八日刊行となりました。

マザー・テレサは八一年四月二十二日来日、数々の講演、訪問、集会を持ち、二十八日に帰国されました。私は幸いにもマザー・テレサが帰国される間際に『マザー・テレサ　神の愛の奇跡』を手渡すことができました。短い期間であったかもしれませんが、マザー・テレサが来日して語った言葉は日本人に強い衝撃を与え、今でも的を射た言葉として私の頭から離れないでいます。

路上に横たわる酔っぱらいを見て「誰も手をかそうとしない無関心さは日本人の貧しさです」。

ありがとう、スコット

二〇〇三年一二月三〇日の早朝、電話のベルが鳴りました。主は、北海道恵庭在住の知人井上好江さんでした。

「スコット・リロイさんが、昨晩急に亡くなった。突然の心臓発作で病院に運ばれ、母親のスー・リロイさんは間に合わなかった」とがっかりした様子で話された。「お世話になった日本の皆さまにもスコットの死を知らせてください」と言われました。その時僕は、一瞬頭の中が真っ白になりました。しばらくして、六年前の場面が鮮やかに蘇りました。

一九九七年一〇月七日、成田空港一八時一五分、待ちに待ったミネアポリスからのお客さまが、ノースウエスト機上から最後に降り立ちました。TVカメラのフラッシュを浴び、真っ赤な電動車椅子に乗った笑顔のスコット・リロイ君が元気な姿を見せてくれました。

傍らにはツーンとすました〝親友〟レックス犬が、寄り添い堂々とTVカメラを見つめていました。母親のスーザン・リロイさんは、嬉しそうな表情で、ぼくを見つけるや否やスコットから離れて、二人は抱き合って再会を心から喜びました。

リロイ親子と介助犬レックスが、「バディの会」の招きで来日した時の場面です。一九年前、日本において、〝介助犬〟はほとんどの人が知らない名称でした。〝介助犬〟は身体不自由な子供や大人の生活をサポートし、共に生きる犬です。日本で介助犬の存在は未知の世界の夢物語でした。

介助犬の歴史は、五〇年前に欧米で始まり、特に英国・米国でさかんに育成され、介助犬は、多くの障碍者の友として、共生社会（人間と動物）の主役になっています。

一九九二年、米国で『ＢＵＤＤＹ』という本が、発行されました。本の主人公は、一三歳のスコット少年と介助犬レックスで、二人の心あたたまる友情物語です。

スコット少年は筋一症です。この本が出版されると、米国のマスコミはニュースで紹介し、二人の生活を長期にわたって取材しＴＶで放映しました。

『ＢＵＤＤＹ』の日本語版『ＢＵＤＤＹ』―ぼくのパートナードッグ―は、九六年九月に燦葉出版社から刊行されました。日本語版になったきっかけは、荒井久子さんの熱い想いが込められていました。

「二〇代初めから筋ジス患者と関わってきた私は、早世した患者達の遺志に報いるためにもと、日本語版発行を決意し、手紙と電話で出版社を捜しはじめました。九六年、古い知人シスター景山あき子さんの紹介を得て、大勢の方々の協力により、この本ができ上がりました。心から感謝を送ると共に、介助犬の普及を願っています」。

日本で初の〝介助犬〟の本の刊行です。

『BUDDY』の刊行を機に私は、〝介助犬〟に興味を持ち、この本の主人公に会いたくなりました。

それには私が米国に行き、主人公たちに会い、日本に招待することです。

私は、私の考えに同意してくれる仲間を集めました。一人、二人と集まり、七人の侍が揃い、その名を「バディの会」と命名しました。

「バディの会」は九六年一〇月に第一回目の会合を持ちました。絵本の主人公スコット君と介助犬レックスを日本に招待すること、日本の介助犬育成と普及を共に願い、協力して今回の企画を実現しようと決意しました。

月二回の会合を持ちました。私達は、主人公の現在の様子を知りたいと気付き、『BUDDY』の出版元に、住所を教えてほしいと手紙を出しました。

一一月下旬には米国の出版元から、待ちに待った返事が届きました。

手紙にはスコット・リロイ君の住んでいるミネアポリスの住所と電話番号が書いてあり

ました。

ならばと、スコット君に、日本に招待したい旨の手紙に、日本の介助犬育成普及に力を貸してほしいといった内容を添えて、祈る気持ちでポストに投函しました。


私達は充実した内に、九七年の新春を迎えました。

月末にスコット君の家からの返信の手紙が私に届きました。私は胸トキメカセ急ぎ封を開けました。手紙の内容は、「突然のお話しで私共はびっくりしています。私共を呼んでいただけることと、私共の息子とレックスの本を日本で刊行して下さったことは、大変に光栄だと思っています。出版した日本語版を送っていただければ嬉しく思います。日本での介助犬育成・普及に私共がお力になれる日が来ることを祈っています」といったものでした。早速、私達は日本語版の本と手紙を添えて投函しました。

スコット君の母親スーザンさんからの二回目の返信には、「とても素敵な本をありがとう。気に入りました。この本の著者、オードリー・オソフスキーさんと、絵を描いたテッド・ランドさんにも送ったら、大喜びしてくれた」と書いてありました。スコットについては「現在二二歳になり、ミネアポリス市内にある大手スーパーで接客係として働いている。レックスはスコットとは一三歳からの付合い」と書いてありました。

スコットは重度の筋ジストロフィーでありながら、大手スーパーで接客係として働いていることに驚きました。日本ではスコットのような状態で働いている人を未だ聞いたことも、見たこともありません。ただ文化の違いだけではないと思います。私はますますスコット君達に魅力を感じ、来日してほしい気持ちが強くなりました。気がかりなのは、「レックス犬」が年老いているということでした。

このような情報交換を進めていくことで、リロイ家族と私達の関係は親密さを深めていきました。九七年当時はファックスがその役割を果たしてくれました。両方の間に入って活躍していただいた方は「共に歩む」ネットワーク会員で米国在住の飯久保阿佐子さんでした。

この方がいなかったら、夢の実現はなかったかもしれません。

この様なやりとりの最中、リロイ家族から質問が二つ寄せられました。

一番目は、「移動中（車で）にトイレが使用できる所があるか？」「水はどこでも飲めるか、利用できるか？」ということでした。この質問には二つとも「ＯＫ」と答えて「日本は安全、安心で、水は心配いらない。トイレも自由に使用できる」とリロイさんに送りました。

九七年五月下旬、リロイ家族から「日本に行くことにした。ただしスコットの身体の具合を検査し、レックスも年老いているので、医師と相談してから正式に決定する」という内容の手紙をもらいました。あとは神に祈るのみです。私達は「万全の態勢を準備して、来日するのを楽しみに待っています。日本を楽しんでもらえれば皆大変に光栄に思います」と返信しました。

私達の夢が実現するには、まだまだ障害がいくつも残っていました。

最大の「バリアー」は、介助犬が入国の際に行なわれる検疫制度と国内旅行する際の乗り物（飛行機）と、そして宿泊する場所でした。

この三つをクリアーしない限り、私達の夢はかなえられません。

成田に着くと入国手続きとして、動物は検疫制度があります。犬はペットとして扱われます。介助犬は存在を認められていませんから、到着後、二週間、その場で犬の状態を観察し、健康と、正常であることを確認して、初めてゲートから自由の身になれます。制度のバリアーは、永きにわたって存在し私達の上に重くのしかかってきたのです。

さあ、大変です。

幸いなことに、私達の半年前に日本で最初の〝介助犬〟が名古屋に入国し、東京にも滞在し、成田から出国していました。ちゃんとした前例があるわけです。これを使う以外に方法は見つかりませんでした。スコットの来日は秋、一〇月と考えていましたので、日にちがありませんでした。

リロイ親子と介助犬レックスの来日の主旨と目的をまとめたレジメを作製して成田税関に伺いました。もちろん、半年前に来日した〝介助犬〟の資料も持参して行きました。

成田税関とはこれまでも電話で連絡をとり合っていました。私達は緊張感を持って、役人(所長も含む)達と面談の席に着きました。

所長は私たちの作成したレジメに目を通して、次の様に言いました。「介助犬の存在は認めません。日本に入国した犬の例があるので、今回は特例として入国を認めます。ただし、条件を出しますから、その条件を厳守してください。お願いします」

条件とは、一つ目、犬の口輪を持参していること。二つ目、日本における日程と行動表が確定したら提出すること。三つ目、犬が日本に滞在中、必ず一日二回体温を記録して、獣医さんのサインしたものを提出する等でありました。

このような経緯の中で、少しずつ世の中が変わりつつあることを感じました。

介助犬の入国はOKになりました。次は国内旅行をする乗り物の件です。イベントは東京・札幌・京都で開催することになっていました。その際の移動はJRとJALに決めていました。

東京から札幌へ、札幌から京都への移動は飛行機しかありません。当時できたばかりのJALプライオリティ・ゲストサポートに電話を入れました。

愛想のよい女性の声が聞こえました。私は「米国で活躍している介助犬とその親子を日本に招待し、そのイベントの企画を進めています。国内旅行をする際にJALを利用しようと思っています。東京から札幌、札幌から関空です」といいました。言い終わるや否や、「この件は受け付けられません」ガチャンと電話は切れてしまいました。驚いたのは私でした。何故？と思い、再度電話をしました。今度は男性が出ました。再び同じ様に話すと「介助犬は認可していませんので同乗はできません」と一方的に切られてしまいました。困りました。〝相談〟の窓口とは当時言いがたいものでした。

皆で頭を抱えているところに、私達の企画に興味を示したテレビのディレクターさんと、T新聞社の記者さんが取材に来ました。私たちは介助犬が認可されることを今回の企画を通して訴えていきたいと熱く語りました。

記者から「何か困ったことなどないか」と突然聞かれ、「実は旅行の移動とボランティアの人が足りないのです」と話しました。介助犬のパートナー、スコット君は重度の筋ジストロフィーで、車椅子生活。介護を必要とすることを写真を見せて理解を得ました。旅行の移動についてのＪＡＬの対応を話すと、興味を示してＪＡＬに取材してみよう、と言ってくれました。

記者さん達の後押しに望みを掛けることにしました。マスコミの支援が得られれば、状況は変わってくることを期待しつつ準備に追われる日々を過ごしました。

その間、記者さん達は、厚生省、航空会社、ＪＲ、介助犬協会等に取材を展開していました。

七月二〇日、Ｔ新聞の記者さんから連絡が入り、二二日の夕刊に記事が掲載されると告げられました。ついに出ました。『介助犬』に冷たい福祉小国ニッポンと大見出し……。

スコット君とレックスの絵本の一ページの写真と共に紹介した記事でした。感謝。

記事の内容は欧米諸国における介助犬の実態を示し、スコット君とレックスを紹介し、日本における介助犬に対する行政府と社会機関の無理解を記し、「バディの会」の支援を！で結ばれていました。

「バディの会」の私たちも勢いづきました。マスコミ関係の記者さんのお力により、この時は大いに助けられました。記事を読まれた方々から問い合わせ等が寄せられ、何よりも大きな反響を呼んだのは、ＪＡＬからの解答をいただいたことでした。

その解答は会社の上層部の面々で相談し、介助犬の搭乗を認めるので一度お会いする日時を設定してほしいと書いてありました。嬉しい限りです。日本で初めて介助犬が航空機に乗ることができるようになったのです。札幌へ、関空へ、世界へと。

私たちの願いを聞いていた神さまが次々と守護聖人を使ってバリアーの扉を開けてくれました。

残る障害は彼らが東京に六日間滞在する生活の拠点となる宿泊場所です。生活する場所は米国の自宅とほぼ同じ様なバリアーフリーの備わった建物でなくてはなりません。

東京滞在の係りは東京ＹＭＣＡを中心としたボランティアの人々です。相応しい場所が見つからず私たちは、途方に暮れていました。秋田正人君がこの企画の資金集めに福祉関係の団体を回っていた際に、〃日本肢体不自由児協会〃の方から「生きる事の楽しい家」を紹介されて来ました。私達は秋田君にその家が借りられるように交渉を一任しました。

「生きることの楽しい家」はバリアーフリーになっている当時としては数少ない障碍者用住宅でした。地方から東京の病院に診察に来られた時に家族で生活する貴重な家でした。

九月に入り、良き報せは届きました。一〇月七日から七日間使用提供を〃日本肢体不自由児協会〃からいただきました。これにより東京滞在は可能になりました。全員が夢を見た時からほぼ一年あまりがたっていました。

九七年一〇月七日、スコット君とレックス犬が母親スーザンと共に成田に到着しました。この日から二三日まで、東京・札幌・京都で集会、交流会、デモンストレーション、観光にと共に過ごしました。彼らはどこにいても、いつでも、実に堂々と語り、誇りを持って行動をしていました。その姿はたのもしい限りでした。交流会を通してスコット君は、「レックスのおかげで学校や散歩、買い物にも行けるようになり、人間として自信を持って生きています。レックスを得たことは本当に大きかった。介助犬が増えて、日本でも障碍者が自立した生活を送れるようになればいい」と訴えました。また、母親のスーザンさんは「スコットはもう一人ではない。健常者と一緒です。レックスが障碍者と健常者を結ぶ懸け橋になればいい」と語りました。各地を見て三人とも日本を満喫して帰国しました。

人生には、その時しかないというチャンスがあります。そのチャンスを生かすかで人生の意味は大きく違ってきます。今回の成功は「全員の想い」もさることながら、数多くの人々の協力と支援があったからこそ、私たちは忘れることのできない楽しく素晴らしい、何ものにも代えられない貴重な時間を過ごすことができました。感謝。

この時からちょうど八年後に〝補助犬法〟が成立しました。このことによって介助犬が障碍者の〝親友〟で、共に自由に行動でき、活躍できる社会を私は願います。

自分の時間を生きる

六年前の二〇一〇年九月中旬、朝起きて毎日新聞を読み始めました。すると一つの記事に目が釘付けになりました。「生存者は今―9・11から9年」という記事でした。世界貿易センタービル78階から盲導犬ロゼールと共に人々を助けながら非常階段を歩いて下りた、全盲の男性マイケル・ヒングソンさんの話でした。「奇跡の脱出劇」として記されていました。あの惨劇から九年が過ぎ、マイケルさんの人生は事件後完全に変わりました。私は、マイケルさんが自分の役割と必要な仕事を見つけたと感じました。

「予期せぬ悲劇の体験」をした人間はなかなか脱け出せないのが普通です。彼はいち早く立ち直り、マスメディアを通し悲劇の体験を伝え、全米の人気者になりました。そして、彼の念願でもあった盲導犬の普及と障碍者の自立支援に乗り出しました。また、9・11から生還した体験を記した『サンダードッグ』を二〇一一年九月に米国で出版しました(二〇一二年に燦葉出版社から翻訳出版)。今、彼は視覚障碍者で超売れっ子のメッセンジャーとして米国で活躍しています。

私はこの新聞記事を読んだ時、「俺は今生きているんだ!」という彼の心の叫びを強く感じました。

「平和の世紀」を待望していた世界を一瞬のうちに「テロの世紀」に塗り替えた二〇〇一年の米国同時多発テロ。今年で一五年目を迎えます。二〇一一年三月一一日、東日本大震災が発生しました。千年に一度といわれる地震と巨大津波が起こり、さらに原発事故が重なりました。9・11、3・11は突然の出来事でした。両方の惨劇で多数の人間が無くなりました。悔しさ、悲しみはいまだ拭えていません。残された者としては、二度と同じ悲劇を繰り返さないためにはどうすべきか、が問われていると私は思いました。

東日本大震災と福島原発事故は、私たちに「これからどうするのか、どう生きていくのか」を問いかけていると思いました。原発事故で放射能の〝安全神話〟は崩壊しました。放射能は目に見えない化け物です。放射能のリスクが少なくなることを願い、人々が安心して安全に暮らせる社会にするために、私たちは細心の注意を払った生き方をしなければなりません。日本が「戦後第二の復活」をするために、「この危機の状況」からいかに脱け出すかが問われています。私たちに相当な覚悟がなければ復活はなし得ないと思います。日本人がより賢くなるためのヒントにと思い、私は9・11「奇跡の生還者」マイケル・ヒングソン氏を二〇一二年七月に招聘しました。全盲のマイケルさんは盲導犬アフリカを伴って一一日に来日し、「前へ！　生命あるかぎり」というテーマで日本各地で講演会と盲導犬との交流会を開催しました。講演会では、「奇跡の脱出劇の体験から」と題して〝緊急事態〟からの退去について話してもらいました。

マイケルさんはいつも相棒の盲導犬ロゼールと一緒でした。どこに行くにも、何をするにも一心同体で行動します。三千人の命が喪われた9・11．マイケルさんはロゼールの嗅覚を信頼し、原因不明の爆発と衝撃、燃え盛る炎、ジェット燃料の臭いが立ち込める中、ロゼールとともに生き残りをかけて、七八階から非常階段を下り始めます。マイケルさんが最も恐れたことはただ一つ。今は皆冷静を装っている。だが、もし停電になれば暗闇の中で人々はパニックを起こすだろう。何百人もの人が将棋倒しになったら、誰も生きては帰れない。そうだ、その時はロゼールと自分が皆を誘導すればいいのだ。闇の世界に暮らすマイケルさんは、これまでも困難な状況を乗り越え、生き抜く術を身につけてきました。そしてパートナーのロゼールの並外れた嗅覚、聴覚、第六感に全幅の信頼を置いていました。

マイケルさんは力強い声で呼びかけました。「皆さん、心配しないでください。もし停電になったら、ロゼールと僕が皆さんをここから脱出させてあげます。料金は特別に半額で結構です」

張りつめた空気が一瞬和らぎ、笑い声が響き渡りました。こうしてこの日、非常階段に居合わせた人々は、危機のさなか心を一つにして信頼の絆を結びました。そして一四六三段の階段を励まし合いながら粛々と下りていきました。〝運命共同体〟となった彼らは危機一髪、奇跡の生還を遂げました。マイケルさんらの脱出後、ほどなく世界貿易センターは崩れ落ちました。

東日本大震災でも、人と人の堅い絆が多くの命を救ったことが報告されています。「目が見えないことは決して障害ではない。一つの機能だ」。こう言い切るマイケルさんの言葉は、大地震と津波、そして原発事故に襲われた今の日本に大きな勇気を与えてくれました。

私は二週間マイケルさんと共に行動しました。マイケルさんは行動する際も、生活の上でも不自由することはなく、光に全く関係なく過ごしました。そして、彼は私に「あなたは明かり症候群だ」と言って笑わせてくれました。

「燦葉出版社」を始めて今年で四三年目を迎えました。同時に新刊書をリュックに入れて全国行商旅も四三年続けています。出版した本の点数は四一五点になりました。どの本も宝物です。私の可能性への挑戦は続いています。出版業界は年々厳しさを増してきて大不況だと言われています。私は、五年前から本が読まれない情況を強く感じるようになりました。私を含めて団塊の世代が年を取り、文字を読むのがおっくうになったことです。さらに若者を中心に活字離れが進み、最近ではスマートホンが生活を席巻して本の付け入るすきはほとんどないといった情況です。若者が出版業界に憧れた時代は遠い過去の話になった感があります。好奇心旺盛な人間、形にはまらない人間などが私の若い時代には愛され、魅力的だと言われました。だが、今は何もかも均一化されてしまい人間の個性が発揮しにくくなった時代といえるかもしれません。

目新しい本を作るにはアイディアと時間を必要とします。編集者が著者に出会い、コミュニケーションを通じ、心の交流が深まれば良い本ができる可能性が増します。著者と編集者が互いに切磋琢磨して内容を高め、本を制作することが出版社としての基本の仕事です。この基本の仕事が最近忘れられがちになっている、と私は思います。仕事上の用件を相手へのメールですますことが当たり前になってしまったのもその一因と言えるかもしれません。

出版業界の特徴は、一人の著者の本が売れると同じ著者の本が次々に他の出版社から刊行されることです。また、内容に関しても同じ傾向の本が次々に出版されます。

二〇〇九年一月二五日、日本キリスト教団出版局から『マイ・バイブル・ノート』が刊行されました。この図書は、四三年前からキリスト教系の学校で教科書または副読本として使われている、我が社の『聖書ノート』を模倣したものでした。

突然のことでした。「商売では売れている品を真似ることがある」とよく言いますが、現実に起こり、我が身に降りかかってきました。燦葉出版社は、大手の出版社とは比べるべくもない、風が吹けば飛んでいってしまうような弱小出版社です。それに対し、日本キリスト教団出版局はキリスト教関係の出版社では最大手です。図書の市場となる学校は、カトリック系の学校を除いたプロテスタント関係学校のほとんどが日本キリスト教団の管轄に入ります。同じ土俵の上では歯が立ちません。

私はこの件で腹が煮えくり返りましたが、冷静な判断を仰ぐために行政書士の先生に相談しました。先生の客観的な意見に従い、教団出版局長に内容証明郵便を出しました。すると一〇日後に出版局長とこの本を監修した本田栄一氏から「編集部が取材して制作した独自性のある本です」との返事が届きました。出版社としての誠意は窺えませんし、出版に際しての倫理や礼儀は、教団出版局から全く感じられませんでした。四三年前に刊行しロングセラーとなったオリジナル図書『聖書ノート』は、ものの見事にぱくられた感があります。この件では、教団出版局は社会的に謝罪し、模倣した図書を早急に廃棄すべきと考えます。二〇〇九年から『聖書ノート』の売り上げは五分の一に急落しました。吹けば飛ぶような出版社は経営危機に陥ったものの、いろいろと知恵を絞った企画で今のところ何とかしのいでいます。人から生きる手立てを奪うことは許されないことです。出版活動とはいえ、教団出版局の行為は卑劣極まりないものと言わざるを得ません。おまけに彼らはキリスト教の教育者です。私は、この時ばかりは情けなく思い、かつ落胆しました。

人生は人にいろいろな体験をさせるとともに、試練も与えてくれます。

二〇一五年七月に、私は想ってもいなかった「ありのまま自立大賞」をありのまま舎さんから頂きました。私が今まで精一杯力を尽くしいろいろと努力をしてきたことへの褒美としてありがたく頂戴しました。まだまだ私の可能性への挑戦は続いています。私は周りの人たちの温かいご支援を受けて、身体のハンディを特徴の一つと思って楽しく生きています。現在では、生活上のバリアーは昔より少なくなりましたが、人の心のバリアーはあまり変わりません。障碍者が誇りを持って生きられれば、周囲も変わると思います。障碍者は、自分の障碍に絶望することなく、自分に相応しい仕事を見つけるために時間を使ってほしいと思います。私は寄り道をして自分の生涯の仕事である〝出版〟を見つけ、今も日々励んでいます。今日まで出版を続けてこられたのは、戦後、日本社会が成熟しつつある中、平和であったからです。平和な社会が何よりも大切であると、弱者である私は痛切に思います。

私にとって、この世で命ほど大切なものはありません。人生について、仕事について、世界について考える時も、どうしたら幸せになれるかを考えています。暮らしの中で、本当に自分がしたいことをする時間を持てることが自由だと思っています。自分にとって本当に大切なことのためにこそ、人生の時間を使えれば最高だと思うのです。

おわりに

マグマのようにたまりにたまり、急激に噴出した問題が国を未曾有の混迷に巻き込んだが、団塊世代は「道」を確立し、たくましく踏み出しました。白井氏が長年切望した企画『団塊世代からの伝言』は今の時代に大きな示唆を与えると思います。

又吉栄喜

私は介護雑誌を発行しています。六年後に私たちが後期高齢者になった時、望ましい介護体制が出来ていることを期待します。自分も含めて団塊世代は、これから本格的な介護問題に直面すると思います。

残りの人生は友人や家族を大切にし、私のテーマである介護の世界と関わっていきたいと思います。

松井直樹

長崎の焼き鳥店でいつか、こんな企画があると白井さんから聞いていました。ちゅうちょした揚げ句、書こうと思ったのは艱難辛苦を共にした両親の半生についてでした。戦後生まれの団塊世代にいい機会を与えていただきました。

峠　憲治

戦後の貧困の時代に育った私たちは豊かな社会を実現しましたが、現在では若者の自殺率は世界一です。私たちは命の貴さや平和に暮らすことの意味を見失ってしまったのではないでしょうか？　人間にとって真に幸せな社会と教育体制を次世代にバトンタッチし、もっと希望の持てる国になるよう、私たちは努めなければならないと思います。

西田清志

相次ぐテロや民族対立、不可解な事件・事故のたびに、平和な未来の到来に翳りを感じます。私たち団塊の世代はさまざまな経験、体験を重ねてきました。本書の企画のように、これからもしっかり思いを伝えましょう。

木谷洋史

団塊の世代について、今まで深く考えたことはありませんでした。この企画は「自身の原点」を考えるチャンスを与えてくれました。

各世代はそれぞれ社会に影響を与えますが、団塊の世代は、その影響力が大きかったと思います。それはアメリカにおいても同じで、良い意味でも、悪い意味でも大きな影響を与えました。

現在、世界は、人類の共存すら危ぶまれる時代に入りました。私たちの世代は、今も社会全体に影響を与えることができるのでしょうか。もしできるならば、善き影響を与えたいものです。

スティーブン・リーパー

団塊の世代は「社会のお荷物」、「人生の終焉」といわれ、〝悪名〟が社会に蔓延っています。とんでもない。元気溌剌です。今の世を憂えています。強者中心の社会になりつつある日本社会。対抗するには、一人ひとりが無関心から脱却することだと思います。人生を大切にしてきた人たちのメッセージをお伝えします。

白井隆之

著者略歴

又吉栄喜（またよし　えいき）

一九四七年沖縄県浦添市生まれ。琉球大学法文学部史学科卒。九州芸術祭文学賞、すばる文学賞、芥川賞等を受賞。南日本文学賞、新沖縄文学賞、琉球新報短編小説賞、九州芸術祭文学賞などの選考委員を務める。数作品が六ヵ国で翻訳出版。

松井直樹（まつい　なおき）

一九四九年東京都生まれ。一九七三年中央大学法学部政治学科卒。キリスト新聞社出版部入社。一九八七年青山学院Ⅱ部文学部教育学科卒。一九九一年㈱ヒューマン・ヘルスケア・システムを設立。一九九六年医療と介護の経営ジャーナル誌『シニア・コミュニティ』を発行。

峠　憲治（とうげ　けんじ）
一九四八年長崎県生まれ。一九七三年立命館大学文学部卒、長崎新聞社入社。報道部長、論説委員長、特別論説委員を経て二〇一四年退社。現在、長崎新聞特別編集委員として同紙に「長崎ひと百景」を連載中。

西田清志（にしだ　きよし）
一九四七年埼玉県生まれ。桐朋学園芸術短期大学演劇科卒。フリーランスのディレクターとしてテレビ番組の制作に関わる。その後ＴＢＳ映画社に入社、主にドキュメンタリー、報道に携わる。定年間際に農業に転身し、現在はハス農家。

木谷洋史（きや　ひろし）
一九四八年北海道生まれ。一九七〇年慶応義塾大学文学部卒、北海道新聞社入社。編集委員、論説委員、東京編集局長などを経て、二〇〇八年同社を定年退職し北海道消費者協会へ。二〇一四年同協会を退職。

スティーブン・リーパー
一九四七年米国イリノイ州生まれ。翻訳家、平和運動家を経て二〇〇二年平和市長会議米国代表。二〇〇三年公益財団法人広島平和文化センター専門委員。二〇〇七年四月から二〇一三年三月まで同センター理事長。現在は日米両国を往復し平和を訴え続ける。

白井隆之（しらい　たかゆき）
一九四七年神奈川県生まれ。一九七〇年関東学院大学経済学部卒業。七四年に燦葉出版社を設立。八一年マザーテレサの日本招聘に関わる。九七年米国よりリロイさん親子と介助犬レックスを招き交流会を開催。二〇一二年、9・11米国同時テロの際世界貿易センタービル七八階から盲導犬ロゼールと奇跡的に生還した、全盲のマイケル・ヒングソン氏を招待し、日本各地で交流会、講演会を開催。一五年「ありのまま自立大賞」を受賞。

カバーデザイン　加藤　千晶
本文製作編集　伝井かほる

団塊世代からの伝言

（検印省略）

2016年9月20日　初版第1刷発行

著　者　木谷洋史／スティーブン・リーパー／峠　憲治／
西田清志／又吉栄喜／松井直樹
発行者　白井隆之

発行所　燦葉出版社　東京都中央区日本橋本町4-2-11
電話 03(3241)0049　〒103-0023
FAX 03(3241)2269
http://www.nextftp.com/40th.over/sanyo.htm
印刷所　日本ハイコム株式会社